通证经济

开启数字经济新时代

徐 刚◎著

当代中国出版社
Contemporary China Publishing House

图书在版编目（CIP）数据

通证经济：开启数字经济新时代 / 徐刚著.
北京：当代中国出版社，2025.8. -- ISBN 978-7-5154-1597-0

Ⅰ. F49-49

中国国家版本馆 CIP 数据核字第 2025MK0137 号

出 版 人	蔡继辉
责任编辑	陈 莎　柯琳娟
责任校对	贾云华　康 莹
封面设计	回归线视觉传达
出版发行	当代中国出版社
地　　址	北京市地安门西大街旌勇里8号
网　　址	http://www.ddzg.net
邮政编码	100009
编 辑 部	（010）66572180
市 场 部	（010）66572281　66572157
印　　刷	香河县宏润印刷有限公司
开　　本	710毫米×1000毫米　1/16
印　　张	14印张　191千字
版　　次	2025年8月第1版
印　　次	2025年8月第1次印刷
定　　价	78.00元

版权所有，翻版必究；如有印装质量问题，请拨打（010）66572159联系出版部调换。

推荐序

在数字技术浪潮席卷全球的今天,区块链被视为新信息技术革命的前沿,区块链技术的应用落地也成为全球行业人士和专家学者研究的重点。在我们的认知中,通证是区块链技术的重要应用之一。

通证作为一种有价值的"记账凭证",正在为传统实体经济中涉及的资产、商品、服务等数字化提供可能性,成为引领数字经济新时代的重要力量——通证经济。

通证经济,作为区块链技术下的新产物,不仅代表一种新型的经济形态,更是对未来社会经济运行模式的深度思考和探索。通证,作为区块链技术链上的价值载体,其独特属性使其能在去中心化的网络中实现价值的自由流通和高效分配。这种基于区块链技术的通证经济模式,正在逐渐改变传统的经济观念和经济运行方式。

面对日新月异的发展大潮,本书尝试把经济学原理与相关技术知识相结合,这正是专家学者为适应社会的现实需要而做的工作。

在本书中,作者深入浅出地介绍了通证经济的概念、原理和应用,包括详细阐述通证经济的理论基础,并结合大量案例和实践经验,展示通证经济在各个领域中的实际应用和取得的成果。这些案例不仅涵盖了供应链管理、版权保护等传统领域,还涉及社会治理、公共服务等领域,同时对新金融、新货币、新资产以及元宇宙等领域进行了前瞻性讨论,充分展现了通证经济的广阔前景和无限可能。

作为一名长期关注数字经济和区块链技术发展的学者,我觉得这本书有一定的借鉴和参考价值。它为我们提供了一个全新的视角来审视和理解数字经济新时代的发展趋势和规律。通过这本书，我们可以更深入地了解通证经济的原理和应用，探索通证经济在各个领域中的潜在机遇和挑战，从而为我们在数字经济时代的发展提供有力的指导和支持。

我相信，在未来的日子里，通证经济将会继续发挥其在数字经济时代的重要作用，引领我们实现更加公平、高效和可持续的发展。

中国通信工业协会区块链专委会轮值主席
中国国际经济技术合作促进会通证经济工作委员会会长

前言

随着科技的飞速发展，人类社会正步入一个全新的时代——数字经济时代。在这个时代，传统的经济模式和规则正在被重塑，新的经济理念和模式正悄然兴起。其中，通证经济作为区块链技术与经济学理论、密码学算法融合而成的创新成果，正逐渐成为数字经济时代的重要推动力量。

在新经济时代，通证基于区块链技术，代表着各种价值和权益。通证，作为区块链网络的记账方式，是可以流通的加密数字凭证，它赋予了数字资产独特的价值和属性。在这种模式下，传统的经济壁垒被打破，资源的配置和利用更加高效和公平。通证经济既能实现资产数字化，也为创新商业模式提供了发展途径和商业机会。

本书的初衷，希望能够深入探讨通证经济的内涵、特点和发展趋势，为读者揭示数字经济时代的机遇。我们将从解读通证、传统实体经济的通证化改造、新金融、新资产、新货币，到 Web 3.0、NFT、元宇宙以及全球实现资产代币化等角度，全面解析通证经济的理论基础和应用场景。同时，我们将从新制度经济学、博弈论等角度，分析通证经济在实践中面临的挑战和解决方案。

在本书中，我们将关注通证经济在数字经济规范发展与市场治理中的角色。目前，数字经济已成为全球经济增长的新引擎，也给传统的市场环境、产业结构乃至社会生态带来了冲击和挑战。作为数字经济的重要组成部分，通证经济将在其中发挥关键作用，推动数字经济的健康、稳定和可持续发展。

在数字经济时代，通证经济不仅是一种新的经济模式，更是一种新的思维方式和价值观。它打破了传统经济的束缚，让我们能够更自由、更公平地分享数字经济的红利。同时，通证经济为我们提供了一个全新的视角，让我们能够更深入地理解数字经济的本质和规律。

希望通过本书激发更多人对通证经济的兴趣和热情，推动通证经济在数字经济时代发挥更大的作用。我们相信，在不久的将来，通证经济将成为数字经济时代的重要支柱，为人类社会的发展和进步贡献更多的力量。

目录

开篇　通证的定义

一、区块链认知革命　3

　　1. 区块链技术的产生：从技术到哲学的进步　3

　　2. 认识区块链的本质　6

　　3. 区块链的发展趋势　7

　　4. 区块链思维与区块链技术　9

二、通证为传统行业构建起未来生态系统　14

　　1. 通证的属性　14

　　2. 通证的源起　15

　　3. 通证与虚拟货币　17

第一部分　传统实体经济的通证化改造

一、通证的发展　23

　　1. 通证与通证经济的区别　23

　　2. 未来经济发展为什么需要通证　25

　　3. 通证是区块链最有价值的应用　27

二、通证的类型和作用 30
1. 通证的定义 30
2. 通证的类型 32
3. 通证的作用 35
4. 通证三要素（通、证、值） 37

三、通证价值 40
1. 通证的基础价值 40
2. 通证价值的评判 41
3. 通证的应用场景 44

四、通证对实体经济的改造和赋能 49
1. 通证为何能为实体经济赋能 49
2. 通证对传统金融市场的影响 52
3. 通证参与传统实体经济的数字化和经济模式创新 55

五、通证经济 57
1. 通证经济的产生 57
2. 通证经济的意义 59
3. 通证经济的作用 62
4. 通证经济的发展 64
5. 通证经济的影响 66

六、通证经济改造 68
1. 通证经济改造的对象 68
2. 通证经济改造的价值 70

  3. 通证经济改造的流程   73
  4. 通证经济改造的案例   75

七、通证经济具体改造实施   76
  1. 通证经济改造的基本要素   76
  2. 通证改造的法律构架   79
  3. 通证经济改造的体系架构   81
  4. 通证经济改造的应用模型   86
  5. 通证的估值模型   89
  6. 通证经济模型设计的方法、路径和步骤   92

第二部分　新金融、新货币、新资产

一、新金融   97
  1. 通证与新金融生态   97
  2. 如何认定 STO   99
  3. 为什么会出现 STO？   100
  4. IPO、ICO、STO 的区别   102
  5. STO 的优势   105
  6. STO 的技术标准   107
  7. STO 常见的分类   109
  8. STO 的应用场景   110
  9. 各国对 STO 的监管态度   110
  10. 证券型代币的发行流程   114
  11. STO 产业链   116

二、新货币 118

1. 全球货币体系需要寻求新锚 118
2. 当前全球货币体系面临的挑战 120
3. 全球储备货币的早期变迁 122
4. 全球货币体系在 20 世纪的两次寻锚 125
5. 全球货币体系再寻锚的必要性和紧迫性 130
6. 现有全球货币供给体系 134
7. 通证与数字货币有什么区别 140
8. 未来的全球货币供给体系 141
9. 全球商业数字货币体系 148

三、新资产 149

1. 什么是数字经济 149
2. 数据资产的确认、计量与报告 150
3. 数据确权与数据认责 154
4. 数据资产确价 161

第三部分
Web3.0（NFT元宇宙）及全球现实资产代币化（RWA）

一、NFT元宇宙基于区块链技术的数字资产 165

1. NFT 可信数字权益凭证 165
2. NFT 在数字资产领域的应用 166
3. NFT 与区块链和元宇宙共同打造新兴数字经济生态系统 167

二、RWA全球现实资产代币化　　169

1. 什么是RWA　　169
2. 实物资产代币化RMA将成为未来趋势　　171
3. 如何看待RWA的投资价值和局限性　　172

三、新虚拟经济发展机遇　　174

1. 通证经济与未来公司　　174
2. 通证经济与未来政府　　178
3. 通证经济与未来经济　　180
4. 通证经济与未来社会　　183
5. 通证经济与未来世界　　186
6. 数字货币是数字经济发展的基石　　189

四、通证经济未来发展思考　　192

1. 通证经济将加速实现全球经济一体化　　192
2. 通证经济将有效协调国际合作交流　　195
3. 通证经济将促进人类社会文明"信任经济"　　197
4. 通证开启下一代互联网数字经济　　200
5. 通证经济是更高层次的自由　　202
6. 通证实现真正的财富共创共连　　205

后　记　　209

开篇　通证的定义

人类社会从结绳记事到数字技术的广泛运用，从原始狩猎到星际移民有望成为可能，经历了一次又一次的重大变革。今天，人类社会又一次站在了时代变革的拐点——即将进入通证经济时代。

　　那么，什么是通证？什么又是通证经济？

　　通证的含义其实相当广泛，广义上讲就是以数字形式存在的权益凭证，代表的是一种权利，一种固有和内在的价值。它可以代表一切能够数字化的权益证明，从身份证到学历文凭，从货币到票据，从门票到积分、卡券，从股票到债券，从账目、所有权到资格、证明等，人类社会的全部权益证明，都可以用通证来代表。而以通证为核心要素形成的经济体系就是通证经济。区块链技术可以客观公正地传递与记录数字化权益价值。本书只讨论区块链技术应用范围内的通证经济。为了让广大读者能够对通证经济有一个准确的认识，我们在全书开篇先为大家阐述区块链技术的相关知识。

一、区块链认知革命

1. 区块链技术的产生：从技术到哲学的进步

（1）区块链技术的诞生

区块链技术被人们广泛研究是因为一种名为比特币（Bitcoin）的加密数字货币的出现。2008年全球金融危机爆发，同年11月1日，一位名叫中本聪（Satoshi Nakamoto）的日裔美国人，在P2P Foundation网站上发布了比特币白皮书《比特币：一种点对点的电子现金系统》，陈述了他对电子货币的新设想——比特币就此面世。2009年1月3日，比特币创世区块诞生，比特币正式问世。比特币用分布式账本摆脱了第三方机构的制约，中本聪将这种分布式账本称为"区块链"。

比特币是一种P2P形式的虚拟加密数字货币，不具有与法定货币等同的法律地位。它采用点对点的传输机制，构建了一个去中心化的支付系统。与所有的货币不同，比特币不依靠特定货币机构发行，而是依据特定算法，通过大量的计算产生。同时，比特币使用整个P2P网络中众多节点构成的分布式数据库来确认并记录所有的交易行为，同时使用密码学的设计来确保货币流通各个环节的安全性。基于密码学的设计，既确保了比特币只能被真实的拥有者转移或支付，也确保了货币所有权与流通交易的匿名性。比特币与其他虚拟货币最大的不同是其总量有限，总计2100万枚，且永不增发。

区块链技术是比特币背后的核心应用技术，或者说比特币是区块链技术第一个为大家熟知的落地应用。

（2）区块链技术是多学科跨领域技术

区块链是什么呢？从科技层面来看，区块链涉及数学、密码学、互联网和计算机编程等多个科学领域。从应用角度来看，区块链是一个分布式的共享账本和数据库，具有去中心化、不可篡改、全程留痕、可以追溯、集体维护、公开透明等特点。这些特点保证了区块链的"诚实"与"透明"，为区块链创造信任奠定了基础。而区块链丰富的应用场景，基本上都基于其能够解决信息不对称问题，实现多个主体之间的协作信任与一致行动。一般来说，区块链系统由数据层、网络层、共识层、激励层、合约层和应用层组成。其中，数据层封装了底层数据区块以及相关的数据加密和时间戳等基础数据和基本算法；网络层则包括分布式组网机制、数据传播机制和数据验证机制等；共识层主要封装了网络节点的各类共识算法；激励层将经济因素集成到区块链技术体系中，主要包括经济激励的发行机制和分配机制等；合约层主要封装了各类脚本、算法和智能合约，是区块链可编程特性的基础；应用层则封装了区块链的各种应用场景和案例。该模型中，基于时间戳的链式区块结构、分布式节点的共识机制、共识算力的经济激励和灵活可编程的智能合约是区块链技术最具代表性的创新点。

区块链是一门交叉学科，不仅融合了金融学、经济学、社会学、信息科技等基础学科，同时也结合了密码学、计算机网络、哲学博弈论等众多学科的知识。因此，它几乎是前所未有的最为繁复的交叉学科。

（3）区块链的核心技术特征

①分布式账本。分布式账本指的是交易记账由分布在不同地方的多个节点共同完成，且每一节点都记录完整账目，因此它们都可以参与监督交易的合法性，并共同为其作证。

与传统的分布式存储有所不同，区块链的分布式存储的独特性主要体现在两个方面：一是区块链每一节点都按照块链式结构存储完整的数据，而传统分布式存储一般是将数据按照一定的规则分成多份进行存储。二是区块链每一节点存储都是独立的、地位等同的，依靠共识机制保证存储的一致性，而传统分布式存储一般是通过中心节点往其他备份节点同步数据。这使得没有任何一个节点可以单独记录账本数据，从而避免了单一记账人被控制或者被贿赂而记假账的可能性。记账节点足够多,从理论上讲,除非所有的节点被破坏,否则账目就不会丢失,从而保证了账目数据的安全性。

②非对称加密。存储在区块链上的交易信息是公开的,但是账户身份信息是高度加密的,只有在数据拥有者授权的情况下才能访问,从而保证了数据的安全和个人的隐私。

非对称加密技术在区块链中有着广泛的应用场景,如信息加密、数字签名和登录认证等。以信息加密为例,发送者可以使用接收者的公钥对信息进行加密,只有持有对应私钥的接收者才能解密并读取信息,这保证了信息在传输过程中的安全性。常用的非对称加密算法有 RSA 算法等,它们基于复杂的数学原理,使得加密过程难以被破解。这种加密方式在数字货币交易等领域发挥了重要作用,防止了信息被篡改和被伪造。

③共识机制。共识机制就是所有记账节点之间达成共识、认定记录有效的方式,这既是认定的方式,也是防止篡改的手段。区块链提出了四种不同的共识机制,适用于不同的应用场景,在效率和安全性之间取得了平衡。

区块链的共识机制具有"少数服从多数""人人平等"的特点,其中"少数服从多数"并不完全指节点个数,也可以是计算能力、股权数或者其他的计算机可以比较的特征量。"人人平等"是当节点满足条件时,所有节点都有权优先提出共识结果、直接被其他节点认同并有可能成为最终共识结果。以比特币为例,采用的是工作量证明,只有在控制了全网超过 51%的记账节点的情况下,才有可能伪造出一条不存在的记录。当加入区块链的节点足够多时,伪造记录的情况基本不可能出现,从而杜绝了造假现象的出现。

④智能合约。智能合约是基于可信的、不可篡改的数据,可以自动化地执行一些预先定义好的规则和条款。以保险为例,如果说每个人的信息(包括医疗信息和风险发生的信息)都是真实可信的,那就很容易在一些标

准化的保险产品中实现自动化理赔。在保险公司的日常业务中，虽然交易不像银行和证券行业那样频繁，但是对可信数据的依赖有增无减。因此，笔者认为利用区块链技术，从数据管理的角度切入，能够有效地帮助保险公司提高风险管理能力。

(4) 区块链的应用特征

①去中心化。区块链技术不依赖额外的第三方管理机构或硬件设施，没有中心管制机构和措施，除了自成一体的区块链本身，通过分布式计算和存储，各节点自动实现信息的自我验证、传递和管理。去中心化是区块链最突出最本质的特征。

②开放性。区块链技术基础是开源的，除了交易各方的私有信息被加密，区块链的数据对所有人开放，任何人都可以通过公开的接口查询区块链数据和开发相关应用，因此整个系统信息高度透明。

③独立性。基于协商一致的规范和协议（类似比特币采用的哈希算法等各种数学算法），整个区块链系统不依赖其他第三方，所有节点能够在系统内自动安全地验证、交换数据，不需要任何人为的干预。

④安全性。只要没有掌控全部数据节点的51%，就无法肆意操控和修改网络数据，这使区块链本身变得相对安全，避免了主观人为的数据变更。

⑤匿名性。除非有法律规范要求，单从技术上讲，各区块节点的身份信息不需要公开或验证，信息传递可以匿名进行。

2. 认识区块链的本质

(1) 区块链出现的意义——生产关系的改造

每一件事情的推动，都有赖于其背后的动力系统。

在工业革命时期，经济学的框架就是四个要素，即生产、交换、分配、消费，它们共同作用，形成一个体系。在那个时代，生产是核心，而资本，如土地、矿产、工厂、机器等，是生产的支撑。人依附于资本、机器与生产。生产之后是交换，也就是流通。以工业革命时期的英国为例，最初它的核心是生产，只要产品做得好，并不愁卖；但随着工厂越来越多，生产变得饱和，此时产品需要更广泛的流通，甚至需要去抢占市场。

公司制的出现是人类生产关系的重大进步，而从无限公司到有限公司的转变是生产关系的又一次重大飞跃。

如今，区块链的出现，对有限公司制下的生产关系产生了颠覆性的影响。目前，公司的主要生产关系由股东和员工构成。未来，在通证经济的改造下，股东与员工的界限将变得模糊，只要持有公司项目通证（Token），就是公司或项目的所有者，就是股东，就能享有相应权益。

（2）区块链对人类社会的贡献——信任的低成本化

著名期刊《经济学人》对区块链的定义是"信任的机器"。人类社会所有价值交换行为，无一不建立在信任之上。没有信任，我们就无法进行交易，为此我们发明了银行、法律、政府和第三方支付，为的就是搭建起信任的桥梁。但是当第三方机构也不值得信任，或者虽然值得信任却必须付出昂贵代价时，区块链应运而生。

因此，区块链是专为解决人类信任问题而被发明出来的，并且将人与人之间的信任成本降至趋近于零的超低程度。

3. 区块链的发展趋势

（1）面临的挑战

从实践进展来看，区块链技术在商业银行的应用大部分仍处于构想和测试之中，距离用于生活、生产还有很长的一段路要走，而要获得监管部门和市场的认可也面临不少困难。这些挑战主要如下。

①受到现行观念、制度、法律制约。区块链去中心化、自我管理、集体维护的特性颠覆了人们的生产、生活方式，淡化了国家监管概念，冲击了现行法律体系。对于这些，整个世界都缺少理论准备和制度探讨。即使是区块链应用最成熟的比特币，不同国家对其持有的态度也不相同，这不可避免地阻碍了区块链技术的应用与发展。解决这类问题，显然还有很长

的路要走。

②在技术层面，区块链尚需突破性进展。比如，区块链应用尚在实验室开发阶段，没有直观可用的成熟产品。相较于互联网技术，人们可以用浏览器、App等具体应用程序，实现信息的浏览、传递、交换和应用，但区块链明显缺乏这类突破性的应用程序，面临着高技术门槛障碍。又如，区块容量问题，由于区块链需要承载复制之前产生的全部信息，下一个区块信息量要大于之前区块信息量，这样传递下去，区块写入信息会无限增大，带来的信息存储、验证、容量问题有待解决。

③竞争性技术挑战。虽然很多人看好区块链技术，但也要看到推动人类发展的技术有很多种，哪种技术更方便、更高效，就会被更多人选择。比如，如果在通信领域应用区块链技术，通过发信息的方式是每次发给全网的所有人，但是只有那个有私钥的人才能解密打开信件，信息传递的安全性大大增加。同样，量子技术也可以做到这一点。量子通信——利用量子纠缠效应进行信息传递——同样具有高效安全的特点，近年来更是取得了不小的进展，这给区块链技术带来了很大的竞争压力。

（2）世界各国对区块链技术应用的监管情况

到目前为止，区块链技术的应用主要是加密数字货币，这算是区块链技术出现后第一个比较成功的规模化商业落地应用。随着区块链技术的逐渐成熟，相信会有更多的应用落地，而伴随区块链技术应用而来的，便是监管问题。

从全球范围来看，各国政府对于区块链、区块链资产的态度不一，但整体仍处于探索阶段。虽然多数国家对于区块链技术都在观望，但区块链在金融投资领域的乱象并不能掩盖其技术上的优越性，越来越多的国家开始重视区块链技术。

区块链具有数据不可篡改、系统集体维护、信息公开透明等优势。抛开服务器，区块链技术将信任授权的成本和交易风险几乎降至零。这使得区块链技术能够为互联网、金融、财政、社会公共服务等诸多领域带来无限可能。

未来,随着区块链应用场景日益丰富,技术的完善将得到持续推动。从一些国家的政策也可以看到,对于区块链技术本身,各国政府的态度都是包容甚至支持的。但对于区块链资产在金融领域的过度狂热,各国政府制定了不同的策略。

有的国家政策比较谨慎,有利于确保安全和稳定,虽然这有助于防范风险,但也可能矫枉过正,限制技术本身的应用空间。

有的国家政策更为开放灵活,为金融市场提供更多的空间来理解和应用区块链技术,同时为涉足区块链行业的公司提供充足的创新空间。

另外,区块链的核心是去中心化,会对社会长期形成的中心管理模式造成冲击。除了法律,如何建立能够促进区块链技术应用的监管环境,让技术造福社会而不是拿来作恶,也是亟须解决的问题。

世界各国对区块链资产的态度大致分为三种:日本、德国、澳大利亚等国,不仅完全支持区块链技术本身,还给予了区块链资产如比特币等开放的政策空间,推动了其蓬勃发展;中国、美国、俄罗斯等国大力支持区块链技术的发展创新,但对虚拟货币的金融属性持谨慎态度;泰国、韩国等国则持抵制态度。

可喜的是,对于区块链技术,世界大部分国家都表示认可,并积极促进其发展。区块链技术是互联网技术之后又一个对世界产生颠覆性影响的技术,不仅将改变应用场景,还会深刻地改变整个社会的信任机制,为世界带来真正的变革!

4. 区块链思维与区块链技术

(1) 区块链五大思维

区块链技术之所以越来越受到人们的认可,在于其有 5 个符合互联网时代发展的思维。具体如下。

①去中心化思维。在传统的中心化管理下,所有的信息和数据等都是

由中心化的权威机构来管理的，如互联网平台、企业、银行等。去中心化，是将权力和控制力分散到多个点上，实现一个系统或网络中所有参与者对于信息和数据的共同管理与控制。而区块链就通过一种分布式账本和共识机制实现了去中心化的目标。在区块链中，数据被存储在一个个网络节点中，节点将数据处理后形成一个个数据区块。这些区块相互连接在一起形成一个不可篡改的连续增长的链条。链条具有原则性和安全性，只有链条上的所有参与者都达成共识，才能对其中的数据做出修改，从而实现了去中心化的管理方式。区块链的这种去中心化思维，符合了互联网时代对透明度和参与度的需求，因此受到广泛欢迎和推广。

②共识思维。前面刚刚讲过，共识是区块链世界的核心词汇。在分布式网络中，只有各节点遵循一定的共识机制，区块链才能顺畅运行。如果说通证是区块链的灵魂，那么共识机制就是区块链的经脉。区块链上没有任何的权威组织可以趾高气扬、颐指气使，没有任何的中心可以指挥调度谁，大家都仅仅遵从共识。

③技术思维。区块链本身就是由技术极客们打造出来的，前期也只有这个群体才能理解并认可它。在他们看来，代码就是法律，算力就是权力，区块链的出现不仅增强了代码的健壮性，也催生了一系列相关技术。这些技术，意在为社会的进步服务，解决社会的痛点。

④加密思维。传统的互联网存在一个无法回避的问题，那就是所有用户产生的数据都是直接存储在公司后台的，相应数据要么被公司利用，要么被黑客窃取，用户权益无法得到保障。这是传统互联网的硬伤，更是用户的隐痛。而在引入区块链技术后，这种情况大大改观，区块链上的所有区块数据都是被加密的，只有用户才可以解密，用户是数据的拥有者；只有申请并支付通证，相关方才能得到用户的授权。

在去中心化的区块链世界中，没有或忘记了密钥，就无法打开自己的存储区块数据，所以，用户必须妥善保管自己的密钥。区块链的"不可能三角"理论即"三元悖论"告诉我们，在同一个平行世界中，不可能同时满足安全、去中心化和效率等条件。

⑤实质思维。所谓实质思维,从哲学角度来看就是"此物是此物"。要尊重客观事实,无论正确或错误,都要将事实实事求是地记录在区块链上。正品有正品的价格,仿品有仿品的价格,要让消费者根据自己的需求来购买不同的商品。同时,为了建立诚信社会体系,还要做好知识产权保护。

(2) 从区块链技术到哲学

把区块链技术与哲学放在一起并不违合,因为上至天文、下至地理,从看得到的到看不到的,从想得到的到想不到的,都是哲学的研究对象。

区块链是一种科学技术,但它与哲学关系密切。科学与哲学相辅相成,因为正是基于哲学的种种思考,才有了科学的萌芽与茁壮成长。著名的万有引力理论,就源自"苹果为何落地"这个看似简单却引发了牛顿深思的哲学问题。而区块链技术特性所解决的问题正好是哲学研究所要寻求的答案,创世区块开启了区块链新纪元。区块链的可追溯特性证明了"此物是此物",解答了"我从哪里来"的问题。同时,区块链的分布式系统、P2P网络、可拓展等特性又巧妙地告诉人们"我要到哪里去"。另外,通证激励机制设计又充分体现了哲学当中的博弈论思想。

(3) 在区块链基础上,通证经济促进"可编程社会"实现

自区块链诞生以来,"通证"这一概念虽然相对年轻,但已迅速从鲜为人知发展到广为人知。尽管这一术语出现的时间较短,它在区块链行业内却获得了不少从业者的青睐。

当前通证经济的发展和实践以日新月异的速度进行着,提出"通证经济"这个概念,一则是为其正名,因为目前社会上关于通证的解说众说纷纭;再则是希望与志同道合者一同加速对通证的研究,以便更好地运用通证为实体经济服务,为社会创造价值。

在早期的解释里,通证经济和通证模型画等号,被当作区块链项目的核心商业模式。几乎所有的通证模型都有一个基本的假设:让通证引导人的行为,通过通证的激励和惩罚,驱动通证的持有者,让他们同时成为项

目的建设者和维护者，个体在通证驱动下相互协作，共同促进业务发展，进而实现项目的经济价值。事实上，通证经济的出现将成为改变生产关系的基础设施，基于价值的可编程社会将因之成为现实。

这里我们简单理解一下"可编程社会"。我们知道，"可编程经济"这一理念最早是在2014年由总部设于美国斯坦福的IT研究与顾问咨询公司高德纳（Gartner，又译顾能公司）提出，它昭示了一种经济和社会发展范式的转变。新古典主义微观经济学理论是建立在原子社会、资源稀缺、边际效用递减的前提假设之上的。伴随经济社会的数字化转型，在"5G+AI+IOT+区块链"等新技术引领的集成创新大潮下，"万物智联"成为可能，以"数据+算力+算法"为驱动的智能经济崛起，使得赖以决策的数据资源和数据联通每天以指数级、爆炸式增长。既有的组织边界逐渐消散，线上线下一体融合，开放互联的社会化协同成为生产模式的变革方向。此时，传统的微观经济决策体系和宏观经济调控框架必须依据新形势下的发展逻辑进行调整，而"可编程经济"与"可编程社会"就构成了我们审视未来社会发展态势与治理优化方向的一种视角。

可编程经济是一种基于新技术支撑的自动化、智能化和算法优化的全新经济范式，可以依靠代码强制执行预先植入、满足触发条件的交易命令，产品和服务的创造者与消费者之间不再需要中介组织的联结就可以直接互动并进行价值创造与流转，经济和社会活动的自组织性大大增强。不仅如此，在可编程经济范式之下，在线交互过程与体验价值、社交价值、声誉价值和线下资源流转有机会深度结合，使原来看起来不可量化的无形资产、社交资产基于智能合约体系具备了可以量化变现的可能，从而大大拓宽了数字资产的范围。这种科技赋能为场景化金融的发展提供了新的想象空间，使得虚拟经济和实体经济的融合发展呈现出新的特点。

伴随技术的进步，"可编程"理念在经济社会生活中不断发展，"可编程社会"的理念也逐渐显现。

有学者把区块链对经济社会发展的影响划分为三个阶段：区块链1.0阶

段，以"可编程货币"为主要表征，基于区块链技术构建起一个全新的数字支付系统来保障交易的安全性和可靠性；区块链2.0阶段，以"可编程金融"为主要表征，核心理念是把区块链作为一个可编程的分布式信用基础设施，区块链的应用从货币领域扩展到其他具有智能合约功能的领域，交易的内容不限于简单的数字货币，涵盖房产契约、知识产权及债务凭证等，成为驱动金融科技商业化突破的强大引擎；区块链3.0阶段，以"可编程社会"为主要表征，区块链的应用将超越金融领域，扩展到身份认证、审计、仲裁、投标、工业、文化、科学和艺术等经济民生的方方面面，作为一种技术支撑下的整体解决方案推动各个细分领域的效率和效能提升。过去大数据应用的核心瓶颈问题，如"数据隐私""数据孤岛""数据确权"等，都可以通过区块链加密技术和智能合约技术得以解决，技术信任机制确保资源和价值可以在更大范围内有序流动，政府与市场、政府与社会的关系在新的信息基础设施平台上得以重构，推动整个社会发展进入价值智链阶段，而"数字治理"也成为国家治理现代化的底层支撑。

从工业革命到信息革命，再到如今的数字革命，当人、地点、事物、社区生活、社会环境被逐一联通、编程时，人们逐渐步入"可编程社会"。而新技术的不断协同又为社会运行机制、运行规则和治理规则的革新提供了越来越大的想象空间和创新活力。以应用端创新为导向强化基础理论和标准体系研究，完善与可编程时代相对应的法律法规体系，有助于更好地厘清开放共享的边界，进而促进科技与社会治理的深度融合。

哪些产业适合用通证经济来进行经济体系的改造呢？这些产业一般要有固定用户群体，有一定的资产规模和现金流，且这个产业想要变成一种自组织、自金融的机器运转状态。在运转里面减少中间人的参与，如果是一个机制一个规则，就会在一定程度上减少生产关系中不必要的成分，把最高效的成分组织运营起来，让它不停运转。

二、通证为传统行业构建起未来生态系统

1. 通证的属性

通证是一种新型的生产关系，它具备两个属性，一个是流通，另一个是凭证。在我们传统的实体行业中，存在大量失衡的产业链，表现为在某一个产业里，利润在产业链的上、中、下游的某一环节被少数企业所垄断，而大多数企业则难以获得相应的收益。基于此，通证经济有非常大的落地空间，因为它可以最大限度地释放原产业链中被压抑的利益和生产力。在一些垄断型行业，如石油、天然气，有大量的能量没有被释放出来。通过通证可以把这部分能量释放出来，进而增加整个社会财富的总量。一旦看到这个价值，就会有越来越多的企业主动采用通证，而不是被迫接受。关键在于把由贡献者产生的价值重新还给贡献者，而不是像过去那样，让创造的价值过度集中在一小部分人或企业的手中。

未来的基于通证的区块链应用项目，最大的目标是让整个体系里的参与者都获得体系最大化发展的红利。通证的本质是价值的合理分配，因此它必须与实体经济紧密结合，实现落地应用，否则就只能流于空转，变成无价值的数字符号，即"空气币"，如此反而会损害实体经济的发展。

我们不断追求新的发展的同时也会迎来一种新的生活方式，如规则的合约化、业务的透明化、场景的游戏化、运营的通证化、生活的数字化；共识效率升级，计算引擎领跑，社区进化从单纯的关系裂变进入生态自治圈层。通证经济赋予实体的不只是一个不可篡改和不受中央节点控制的分布式时间序列数据库，更是一个产业链条端到端打通以及效率进化的体制优化设计。这里很形象的比喻是大禹治水的典故。大禹认真地总结了治水

规律和方法,尤其是总结其父鲧治水失败的教训,发明了测量工具,提高了治水的技术水平,在此基础上,创造性地提出了"疏川导滞"的疏浚排洪治水总策略。大禹采用的这种顺其自然、疏导洪水的办法,包含了丰富的因势利导的科学思想。将这种思想应用到通证经济的发展上,能带来很好的创新启示。

我们可以想象,未来通证生态系统很可能像今天的互联网生态系统一样,渗透到我们生活的每一个角落。通证经济将是区块链技术和通证共同发展且以通证为核心的生态系统。一方面,未来可能将继续开展"去中心化"的进程,区块链参与者的自治程度将不断提高;另一方面,未来的通证经济仍将在政府和法律的监管之下,成为更健康的主流生态模式。

从人性角度来看,通证很好地解决了人与人之间的信任及利益分配问题。而从商业角度来看,通证为区块链添加了激励机制,使得互相陌生不能产生信任关系的参与者由于经济利益产生关联与协作,从而建立起信任和不同的商业生态。

未来,传统产业要借助区块链实现数字化转型,通证经济系统设计是关键,也是难点。因此,在实施通证设计和改造的过程中,我们不能忽视通证的三大特性,如图1-1所示。

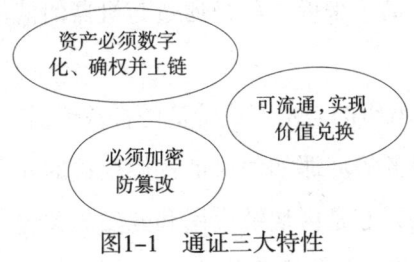

图1-1 通证三大特性

2. 通证的源起

通证是可流通的加密数字权益证明,更确切地说,通证是区块链网络中的一种记账方式,由密码学加持,允许在该网络中自由流通。通证核心的一点,是在生态构建过程中起到激励作用。

我们先来看看通证是如何产生的。最初阶段，通证的获得只能通过"挖矿"实现，即需要提供工作量证明。后来衍生出了权益证明法，只要一个人持有通证，便可以获得相应的激励，持有通证的时间越长，获得的奖励就越多。再后来是工作效果证明，区块链生态是需要推广的，社区是需要维护的，对结果的考核也是非常重要的。比如发帖，就要根据转发量、点赞量、评论量等，来决定给作者多少通证作为奖励，作者得到的越多干劲越大，热情越高涨，完全得不到则立即全部作"鸟兽散"。然后就是对提供相应资源者的奖励，比如提供带宽、存储空间者，为系统提供背书或站台的担保者、增信者，以及直接提供最重要的资金资源者，都要给予相应的通证激励。通过通证激励，可以鼓励人们自发地将更多的生产资料（比如游戏、存储、网络、文化内容等）上链，激励劳动者与创造者的劳动和交易，从而改变人类的生产关系，最大限度激活人类创造社会价值的潜力。

通证的本质，是金融权力被技术穿透，技术进步使每个人都可以用自己的信用背书发行通证，募集生产资料（价值通证或者等值算力）去实现自己的设想，而不需要被任何中介组织剥削，彻底消灭社会阶层剩余价值。所有的价值，都是基于人和人、人和机器、机器和机器之间形成的点对点的共识，通过算法予以确认，不可篡改，从而建立起一个完全公平公正的可信任的社会体系。简单来说，就是通过与机器的信任来实现人类信任的规模化。

通证说到底就是取得的"资产或价值的权益证明"，具体权益包括但不限于资产、商品、服务等。那如何保证我们权益的安全呢？这就引出了加密技术，即加密算法，它是区块链应用和开发的关键。一旦加密方法遭到破解，区块链的数据安全就会受到挑战，区块链的不可篡改性将不复存在，此时你拥有的权益就变成了别人的。

可见加密算法非常重要。加密算法可分为对称加密算法和非对称加密算法，在区块链中主要应用后者，它能同时满足安全性需求和所有权验证需求。在加密和解密过程中，通常使用两个非对称的密码，分别称为公钥和私钥，它们具有两个特点：一是用其中一个密钥加密信息后，只能用另一个对应的密钥才能解密；二是公钥可向其他人公开，私钥则是保密的，其他人无法通过该公钥推算私钥。换句话说，这相当于给你的钱箱加了一把除你之外谁也打不开的锁，非常安全。有了这个前提，才能谈及其他。

最后是权益的上链问题。没有相应权益上链，发多少通证都没有价值。通证必须有权益、证明、身份、数据、业务、信息等，共同上链才有价值。有股市投资经验者都懂得资产负债表，知道一家公司的资产既包括现金与有形资产，也包括无形资产，比如商誉、用户大数据、知识产权等。这些无形资产对企业来说具有巨大的价值，在传统的财务报表上却很难准确计量。在有了区块链技术后，这种情况大为改观，企业所有的资产包括无形资产都可以用通证固化下来。成为用户可以获得通证，贡献数据可以获得通证，贡献创意也可以获得通证……有了通证，所有以往有价值但难以体现的资产权益都可以显性地精准计量。

3. 通证与虚拟货币

虚拟货币在区块链出现之前就已经在互联网上出现了。早期的虚拟货币可以分为三类：第一类是网站代币，由网络服务商发行，是以购买网络服务为主要用途的虚拟货币；第二类是网络游戏中的游戏币；第三类是由网上论坛、社区或商家发行的积分类虚拟货币。

随着区块链技术的兴起，近年来以比特币为代表的加密虚拟货币出现了快速增长，目前全球加密虚拟货币种类近2000种。

一般而言，在区块链中，我们提到的币都属于加密货币。加密货币作为去中心化的虚拟货币，是一种作为交换媒介的数字资产，它使用强大的密码学来保护金融交易、验证资产的转移，并严格控制新单位的创建。如果把加密数字货币放在更广阔的背景下考察，它就同时隶属于虚拟货币和数字货币。

我们可以将虚拟货币看作一种价值的数字表达。其中，去中心化的一部分包含加密货币，而中心化的一部分则包含Q币（腾讯推出的一种虚拟货币）、游戏币等权益息票或者手机端支持的移动息票。相比虚拟货币，数字货币的范围更大一些，因为它还包含被监管的部分，如电子现金等。

货币背后代表的是货币权力，货币权力必须属于国家。将Token翻译成"代币"有点一厢情愿，因为没有国家的授权和支持，仅仅是自欺欺人罢了。此外，"代币"也容易让人误解，以为在区块链上发币就是为了挑战货币主权，加之很多不知天高地厚的人确实在这么讲，结果险些把自己逼得没了退路。

最初，人们对于通证的认识也冠之以"代币"，事实上，代币是通证权益中的一种，所以，通证与虚拟货币是两种不同的概念，币代表价值，证代表权益。代币只能代表一种价值，而通证则可以代表任何权益，这是两者的不同之处。

另外，互联网虚拟货币的发行建立在吸收用户的基础上，将用户缴纳的ICO（首次代币发行）款项变成其发行的代币。很少有发行机构会考虑建立一个优良的通证系统，这带来了许多风险。通证是资产证券化，鼓励大家将自身拥有的权益通证化，包括资金、房产、工资、股票、合同、证书、积分等自己认为有价值的资源，并将其放置于区块链上进行流通，让市场自动检验其价值。同时，还可以在生活中进行验证和消费。总的来说，互联网虚拟货币的发行要通过募资、预售、交易、流通四个环节，而通证上市也需要进行预售、交易、流通。但是否募资是互联网虚拟货币的发行与通证最大的区别，具体如图1-2所示。

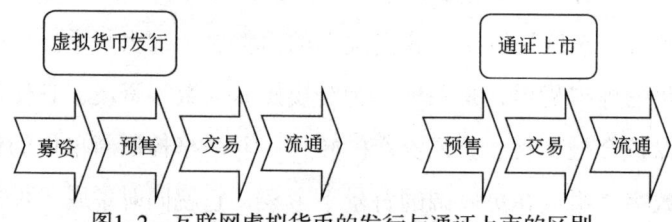

图1-2　互联网虚拟货币的发行与通证上市的区别

再者，代币对区块链的使用，更侧重于区块链技术，而非通证背后的价值；通证则不然，通证经济系统基于固有和内在的价值。在现实生活中用区块链进行交易、消费、验证、流通，并能够服务于实体，区块链对其来说是一种服务实体的手段和媒介，优良的区块链系统中颁发的所有通证都应立足于实体经济，为实体经济服务。

所以，想要真正认识到通证经济的魔力，需要跳出代币的误区，认识到它真正的数字经济内核，看清它和代币的本质区别。

第一部分
传统实体经济的通证化改造

随着数字技术的崛起，人类社会将于若干年后完全步入数字社会时代，届时数字资产总额约占全球资产总额的70%，而传统的农业资产、工业资产等资产总额仅占30%。

全球数字化建设与改造正在积极探索和实践之中，成绩显著。其中，中国表现尤为突出。2024年初，中国政府率先尝试将有关政府部门平台数据资产化，继2019年在全球国家及地区中率先推行数字人民币之后，在实体经济数字化改造的创新中再拔头筹。

我们普遍认为，["通证经济改造"是指通过区块链技术将传统经济中的权益、资源、劳动等要素进行通证化（Tokenization），重构生产关系和分配机制，形成以通证（Token）为核心的新型经济模式。其核心目标是利用通证的流通性、加密性及可编程性，实现更高效、透明、公平的价值交换与协作体系。]

因为通证将在未来数字化时代中作为重要的权益证明被广泛应用，其也将成为新时代的度量衡。

一、通证的发展

1. 通证与通证经济的区别

从概念上看，Token 即流通、权益证明。通证是价值的载体和形态，因此通证可以被定义为可流通的价值加密数字凭证。Token Economy，翻译过来就是通证经济，直译过来就是把通证充分利用起来的经济。从社会经济系统管理的维度来看，通证经济（Token Economy）是一种对通证进行管理的经济；从社会经济运行的维度来看，通证经济就是一种通证化的经济。

也可以这样去理解：通证是基于区块链技术的权益凭证。在生活当中，权益凭证随处可见，例如欠条。换句话说，通证是一种快速流通的、有自然确权的、防篡改的、不可逆转的加密数字权益证明。通证经济是指资源分配的一种理想状态：假定固有的一群人和可分配的资源，从一种分配状态到另一种状态的变化中，在没有任何人境况变坏的前提下，使至少一个人变得更好。这就是福利经济学中的帕累托最优理论。也就是说，一个项目、一个产品，只有做了帕累托改进，达到帕累托最优，才能真正让大家享受到福利，享受到财富。这就是真正意义上的通证经济。

通证经济本质上是一种新兴的经济模式，能够得到认可和追捧，在很大程度上离不开区块链技术的支持。通证经济扩大了产品或服务的供给市场，所有资产权益都是可以通证化的。任何人、任何组织都可以通过自己拥有的资源和服务能力发行权益证明，这时提供产品或服务的人不再局限于传统的生产商，任何人既可以是消费者，也可以是生产者。同时，通证经济利用区块链去中心化技术手段加速了价值的实现。区块链技术保证了整个流通过程的公开透明，随时可验证、可追溯。这不仅极大地降低了交易过程中的监督和审核成本,而且其安全性、可信性、可靠性是以往任何一种交易方式都无法达到的。因此,资产权益在区块链上能实现高速流转和交易,从而使得其价格在市场上也能迅速被确认。

了解了通证与通证经济的关系后,我们要明白发行通证的益处和风险,主要体现如表2-1所示。

表2-1 发行通证的益处和风险

益处	总量限定,且发放透明;不会出现通货膨胀或者中心化发放
	通证本身可以交易,且流动性较高,可以上交易所流转;传统积分的变现有着严格的法律限制
	比传统积分更灵活,通证本身价格是有波动的,所以早期的投资人可以享受升值空间
风险	对于发行的监控比较难,且难以完全透明公平
	过小的经济激励不起作用,过高会引起投机和作弊
	用户倾向于把用来激励的通证换成法币或者其他主流币,没有动力长期持有
	在通证模型中,通证是一方面,模型设计是另一方面;模型设计是否有可持续性,决定了项目的成败

由于通证不是万能的,所以通证经济也有一定的边界。首先,通证不是万能钥匙,企业的成功归根结底在于产品和服务能否更好地满足市场需求,失败的企业注定要消亡,就算有通证设计,且通证设计非常完美也拯救不了。其次,通证不能没有成本,通证的设计、发行、流通、管理都是有成本的。流通性越强,管理难度越大;成本越高,风险越大。最后,通证不能取代企业,企业失败的原因不是缺乏合适的通证,而是由人的非理性、沟通成本、信任成本、智力差异、性格差异、知识和经验等导致的。通证是解决不了这些问题的。

2. 未来经济发展为什么需要通证

有人认为离开了通证的区块链将"一分不值"。下面举个通俗易懂的例子来说明通证在公链里的作用。比如，超市有免费存包柜，可以让大家免费、方便地存储物品。但因为完全免费，总是有无聊的人把超市的存包柜全占了。如果无视它，就会使恶意占用存包柜的人搞的破坏越大，超市付出的成本越高，因此收费机制可以简单有效地防范存包柜被无聊或者居心叵测的人滥用。同样的道理，如果比特币转账不需要收取手续费（通证），那么就会有人发出无数笔小额交易导致比特币网络瘫痪。因此，作为没有中心机构去维护网络的区块链必须有通证，必须收费，以保障网络正常运行。通证的主要功能有以下两个：

（1）增加作恶成本，保障网络的安全。

（2）作为奖励，激励"矿工"或节点去运行和维护区块链网络。

所以，对于区块链来说，大机构固然可以凭借资金实力搞联盟链，但大众不参与进来，区块链就不能称为区块链，终究是伪区块链。

区块链技术本身缺乏热点。一个以特殊方式加密的公共数据库，对于公众来说能有多大的吸引力呢？其之所以能够吸引广泛的关注，最核心的原因就是以比特币为代表的通证。区块链本身缺乏价值，但通证自带价值。

在现阶段，很多人并不认为通证重要。一定程度上说，当前尚未参与区块链并冷眼旁观的公众是理性且理智的，因为炒作之下，必有大量"炮灰"。然而，当区块链真的形成气候时，公众也会不可避免地加入其中。这就像汽车问世之初，世人多不理解，依然认定马车是最好的交通工具，但前者最终成为主流，后者沦为可有可无的存在。

通俗地说，你可以把通证理解为一家上市公司的股票，不同的通证代表不同的项目、不同的技术、不同的功能。但它最基本、最主要的功能，还是用来代表真实的资产和价值。

众所周知，股票代表的是一家上市公司的所有权，即股权。围绕着股权，慢慢地发展出经营股票买卖或转让的公共交易场所，即股票市场，后续人们又围绕股票市场发明出很多新"玩法",如基金、信托、债券、期货、外汇等,统称资本市场。

试想,如果一个国家没有资本市场,那么普通工人很难有机会分享企业的利润,企业每年所有的利润,通通都进了老板的腰包。随着时间的推移,老板会越来越富有,工人的收入则可能停滞不前,社会的贫富差距就会越来越大。贫富差距达到一定程度后,就会引发各种不和谐。而有了股票及资本市场,普通民众也可以通过购买上市公司的股票,成为老板的合伙人之一(股东),合理合法地分享企业发展所带来的红利,贫富分化的脚步就会放缓。社会和谐稳定,百姓才能安居乐业,国家才能长治久安。

后来,因为有了互联网,股票的交易变得更加方便快捷,从而得以迅速普及。时至今日,依然有很多人不看好股票,要么是吃过大亏,要么是缺乏对股票投资的认识和理解,但这并不影响股票本身的存在和重要性。

通证也是如此,重要的不是现在,而是它的未来。不要紧盯一些成功或失败的个案,个中原因,并不主要在于投资与投机的区别。我们必须明白一点,政府之所以建立股票市场,一是为了开辟投资渠道,二是为了方便企业融资,获得更好的发展,更好地服务整个社会。后者显然比前者更加重要。未来,通过互联网、物联网,当所有的资产与价值均可通证化时,肯定会有通证与资本市场的相关对接,但通证真正的初衷以及伟大之处,还在于资产通证化本身。

通证不是自带价值,而是承载着价值的量化互联。

区块链基于互联网,既是互联网技术的分支,又自成一派。它们的相同之处在于本质上都是一种传输协议。互联网是依靠特定的协议来实现信息的高效传输;区块链则是利用价值的传输协议实现了价值的量化互联。

前文说过,区块链的本质是加密的数字凭证,但如果不进一步被用作价值的传输协议,那么它依然没有意义。而因为通证,它变得意义重大。

一方面,它是所有人都信任的凭证,可以交易、转让,不可篡改,同时不可销毁,不可逆。

另一方面，它是价值的代表，并且只代表真实的价值。数据是价值，商业模式是价值，无形资产、有形资产等都是价值，任何价值都值得加密，都可以量化为相应的通证。

最值得一提的就是数据。大数据是当下最火的概念，凡与它沾边的公司市值都很高，然而此类商业化公司的公信力存在问题。即使是很有名的大公司，也会让用户怀疑其在非法利用用户数据。未来，区块链将带领大家将本属于我们自己的数据资产夺回来，帮助我们支配在未来经济世界中最有价值的东西——数据。

3. 通证是区块链最有价值的应用

我们之所以说区块链的本质是通证，是因为这样一种逻辑：离开了通证，区块链技术将一文不值。区块链本身缺乏价值，但通证自带价值。因为，通证承载着价值的量化互联。区块链与互联网本质上都是一种传输技术，互联网是信息的传输，它实现了信息的高效传输；区块链则是价值的传输，它通过通证实现价值的量化互联。

那么，什么是价值？

在传统价值体系中，只有能够被记录在账本上的事物，才可以进行价值交换，进行流通。所以，记账是产生财富的基础！但在现实中，绝大多数事物无法被量化，可被记录的事物是极为有限的。但是通证可以量化一切的价值。通证的神奇之处就在于可以将实体资产、虚拟的数字资产，通过数字的方式进行记录。比如，常见的已被数字化记录的资产有门票、积分、合同、证书、点卡、证券、权限、资质等。

在这个时代，几乎所有事物都具有价值。房子、车子这些众所周知的有形财富自不必提，无形资产也具有价值，商业模式也具有价值，数据也具有价值……以数据为例，对个人来说它可能并不值钱，但对那些炙手可热、盈利丰厚的大公司来说，它们的生存与盈利在很大程度上依赖于公众的数据。所谓的大数据，其实是公众的大数据。

有了区块链，有了通证，这一切将改变。在区块链进一步发展的将来，或者说在当下，人们已经实现了部分资产上链。任何有价值的资产均可上链，都可以量化为相应的通证。比如数据，我们把它加密后放在网上，谁都无法窃取，但是如果有人愿意付出相应的通证，使用一下我们的数据，那么通常来说也没什么不可以。

如果之前公众的个人信息形成大数据为一些企业服务，被其擅自利用甚至非法买卖，那么未来，这样的事情将不再发生，因为相应的漏洞没有了。通过区块链对数据进行确权，消费者将从传统的被动的产品消费者和使用者，变为数据的持有者。人们与互联网巨头的用户关系也会发生改变，这是一种生产关系的改变。不得到用户的认可，不把相应的收益分享给用户，巨头将拿不到用户的数据，拿到的也是非法的，最终只会得不偿失。

另外，价值需要流转，只有流转才能让彼此受益，这是众所周知的事情。过去的价值流转媒介实际上是货币，比如人民币、美元等。钱构成了价值流转的核心。以经济作物咖啡为例，咖农种植咖啡，咖啡店买进咖啡并提供服务，普通人再从咖啡店买咖啡。在咖啡店买进咖啡再售出的过程中，货币作为媒介便发生了流转。在这个过程中，种植生产咖啡的人总想把价格提高，喝咖啡的人则希望尽量便宜，咖啡店则是希望低价买进高价卖出。这三者的利益从表面上看是不一样的，但因为他们都在一条链上，根本利益还是一致的。比如，当咖啡店想方设法以较低的价格买进咖啡时，种植生产咖啡的人会很受伤，他们获取的报酬变少后，去咖啡店喝咖啡的次数也会减少……有的时候，市场自己能修复这种不平衡，但有的时候必须由政府出手，如在咖啡店以不合理价格收购咖啡豆时对其课以重税或法律制裁。但政府也有无能为力的时候。国内也好，国外也罢，农产品滞销的新闻经常见诸各大媒体，难道是这些农产品没有价值吗？肯定不是。又如，联合国世界旅游组织（UNWTO）公布的全球出境旅游行业的调查报告显示，2017年全球很多国家的境外旅游消费数据呈现积极增长的趋势。同时我们也发现，个人境外支付通兑非常不方便，手续费高，额度受限，毫无便捷性。而通证，在可期的未来，可以让全球资产数字化，也就是通证化，并随即流动起来。从全球范围来看，某些国家和地区的区块链项目已经推出了实用的方案，局部地化解了这些问题。普遍化与优化迭代，都只是时间问题。

通证是区块链技术最巧妙的实践，是人类社会与机器智能网络交互的极为重要的协议和数据载体：人类社会的商业场景，必须转化为区块链层面的数据和价值，来驱动计算机执行。

在未来的图景下，机器人将服务人类所有的商业行为，甚至涉及生老病死的各个环节，比特币及其他通证就是人类和机器交互的"门票"和"语言"。创造一个好的通证，几乎是人类被机器排挤出生产活动之前，能够做的最有意义的事情。

什么样的通证，才是终极模式？

为了方便理解，我们可以通过一个具体的平台案例来说明。假设成立一个专门为代币投资者量身打造的垂直社区，优秀内容通过 KEY 点赞投票评选出来，平台通过合理的制度设计，让贡献者获得应有的回报，以鼓励更多正向行为，形成良性循环，促使平台加速发展。

目前的通证主要分为以下三类：

第一类，应用层通证，占整个市场的 95% 以上。

第二类，是中间操作层面的通证，如 QTUM、NEO 等，这样的项目类似于操作程序，称为基础链，是专用于跑应用的。这类通证相对来说比较少，不到 5%。

第三类，处理更底层的工作，如 CZR、ABT 等，但是此类非常少！

有专家说：比特币区块链是一个分布式商业的最伟大的实验，所有的产权都是开源的，所有的组织机构都是非营利的，没有股东，没有董事会，没有管理层，什么都没有，是一个"八无"公司，但是它运行了 9 年，每秒都在发生着交易、汇兑、支付，从未有过坏账，系统没有出现过宕机。

在一个无人监管的自由生长的生态系统中，这套系统平稳运转，且不断增加价值。自生态为何能自行生长，并不断增值？其背后的秘密，就来自通证，这就是真正有价值的通证的魅力。它能够彻底激活每个人的潜能，在这个自生态系统中，所有人都是利益共同体，为了共同的目标而努力。

现在，很多区块链平台都可以通过集成数字身份，使智能资产在不同的数字身份中进行各种安全的转移。通证的价值并不是颠覆现有系统，而是为大家提供更多选择。我们本来只能用中心化系统做事，现在又多了一种选择，何乐而不为呢？更重要的是，这只黑天鹅非常年轻，从诞生到现在不过10年左右，下一个超越BAT的存在可能是区块链领域，我们一定要去研究它、拥抱它。

二、通证的类型和作用

1. 通证的定义

通证是一个经常与区块链同时出现但是独立于区块链的概念，它的历史比区块链更为悠久，尽管二者有着千丝万缕的联系。通证和区块链是最佳搭档，它们的含义和应用范围却有着显著的差异。区块链的出现诞生了通证，通证又是区块链中最具特色的应用，是区块链技术落地应用的灵魂。

通证在区块链中有着重要的作用，那么究竟什么是通证？通证有几种类型，又和其他相似的权益证明有什么区别呢？

接下来，我们大概了解一下什么是"通证"。

通证的含义相当广泛，但是我们在这里只讨论区块链范围内的通证，毕竟对于区块链从业者来说，脱离区块链来探讨通证没有意义。通证是区块链发展到高阶生态的产物，最初源于比特币，所以通证开始也曾以代币的面貌被人认识。但随着技术的发展，通证的概念已经远远超出了代币的范畴，它被更广泛地解释为"可流通的加密数字权益证明"。

最初阶段，通证的获得只能通过"挖矿"，这需要工作量来证明。后来便衍生出忠诚度证明，只要一个人持有通证，便可以获得相应的利息（币），时间越长且中间没有抛售，那么奖励的利息就越多。其次是工作效果证明。区块链是需要推广的，论坛是需要维护的，光出力不出效果不行。比如发帖，就要根据转发量、点赞量、评论量等，来决定给作者多少通证作为奖励，给得越多，作者干劲越大，热情越高。最后是对提供相应资源的奖励。比如，提供带宽、存储空间，为系统提供背书或站台——担保、增信等，以及直接提供最重要的资源——钱，当然也必须给予相应数量的通证作为奖励。

最简单的理解，例如，小强要出卖自己的劳动时间，明码标价工作一小时需要30元人民币。这时候小强工作一小时等于人民币30元，人民币在这时就相当于通证。同时，小强也可以说自己工作一小时需要一根竹竿，那么这根竹竿此时就是通证。通证是需要流通的，所以就需要加密，需要数字化。

有了通证，大家便能将更多的有形和无形的资产（比如游戏、存储、网络、文化内容等）上链，激励劳动者与创造者的劳动与交易，最终实现完全激活人类社会的价值。

通证概念最早源于区块链比特币，对于区块链范围内的通证，我们称为狭义的通证。一直以来，关于通证的定义业界有许多讨论，但一般认为通证需要包含以下三个维度的内涵：

首先是"通"，意为可流通；其次是"证"，意为能够成为证明；最后是"值"，即所证明的东西是有价值的。

因此，基于以上三个方面，笔者认为通证是指基于区块链技术的可流通的加密数字权益证明。

首先，通证一定是可流通的，既可能是全局流通，也可能是局部流通，流通性越强，应用场景越丰富，通证属性越强；其次，通证一定代表某种权益，具有某种价值；最后，通证一定是基于区块链技术的，因为这是通证作为有效证明的保障，也是通证与其他权益证明的基本区别，即通证是去中心化的，通证所代表的权益由不可篡改的区块链来进行保障，而非通过第三方信用。"通""证""值"三者缺一不可，缺少任何一个，都不是狭义通证。

如果一定要给通证下个定义的话，我们可以说，通证是区块链网络上的一种记账方式，由密码学加持，在该网络上可以自由流通。其最核心的一点是，在生态构建过程中起到去中心化的激励价值。

通证必须是以数字形式存在的权益凭证，它代表的是一种权利，一种固有的和内在的价值。通证能够代表一切可以数字化的权益证明，从身份证到学历文凭，从货币到票据，从钥匙、门票到积分、卡券，从股票到债券、账目、所有权、资格、证明等，人类社会的全部权益证明，都可以用通证代表。

2. 通证的类型

前面我们大概了解了通证的含义，那么通证都有哪些类型呢？从广义的角度，可以按照属性将通证分为标识型、收益型、价值型和权利型。如图2-1所示。

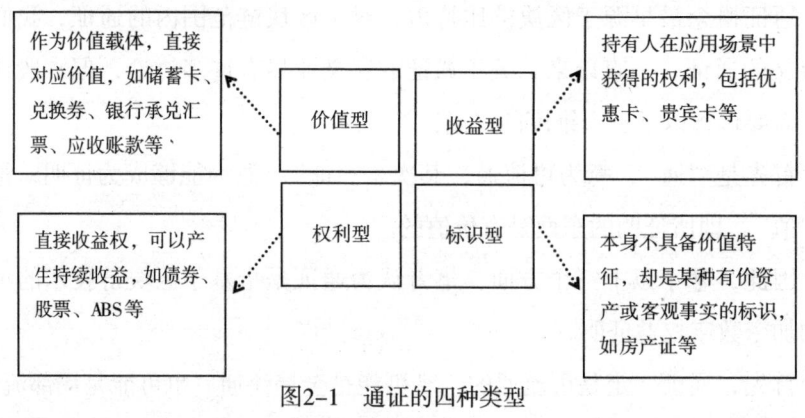

图2-1　通证的四种类型

标识型。通证虽然没有价值特征，却是某种有价证券或客观事实的标识，如房产证、老年证等。

收益型。只要持有通证，就能在应用场景中获得权利，如优惠卡、贵宾卡等。

价值型。通证是一种价值载体，直接与价值对应，如充值卡、兑换券等。

权利型。只要持有通证，就能享受收益，如债券、股票等。

从狭义的角度来说，通证就是加密数字货币，即代币。按照资产属性的不同，可以将通证分为币、平台、应用和实物资产代币化。如表2-2所示。

表2-2　通证资产属性划分

资产属性	分析
币	其产生于区块链技术的应用，主要功能是交易标的，资产价值只能通过流动性来体现，是一种另类投资品种，是区块链资产领域的交换媒介；典型产品有比特币、莱特币等，主要指标是参与节点数和流动性
平台	其产生于区块链底层技术的应用，以该类平台的使用权或参与权作为支撑，主要功能是建立技术平台，为应用开发提供基础技术支持；部分平台正在开发市场，机构投资占有一定的份额；典型产品有以太坊、XIF和小蚁，主要指标是技术指标和开发进度
应用	与特定应用场景密切相关，以一定的使用权、参与权或分红权作为支撑，约有300个品种；主要功能涉及金融、供应链管理、社交、能源和产权保护等多个领域，是区块链资产增长最快的品种；DAEX和AUDCO是典型产品，主要指标是开发进度和参与节点数
实物资产代币化	与实际资产密切相关，如黄金、美元等，以实物资产价值为支撑，品种少于10个；AUSD和USDT等美元稳定币是典型产品，其与黄金、美元等资产关联，是实物资产在区块链的映射

这里我们重点探讨权益类型的通证。权益类的通证包括以下三个常见的类型（见表2-3）。

表2-3 权益类通证常见类型

类型	分析
价值型通证	这类通证的权益基于某种价值。这种价值可能是多种多样的，可能直接对应法币（如锚定美元的USDT、AUSD等），也可能对应某个著名画家所画名画的一部分，等等
权利型通证	通证的权益基于某种权利。比如，某某网发行演唱会区块链门票，拥有门票就可以看演唱会，这张区块链门票就是权利型通证
收益型通证	持有通证，就可以享受通证带来的收益。目前，这类通证最为常见，如比特币就属于这类通证

通证和其他权益证明有何区别？

有时候，通证和其他权益证明，如法币、股权、积分等看起来相似，但是通证与权益证明是存在根本性区别的。当然，最基本的区别还是在于，只有通证是去中心化发行的。表2-4整理了它们之间的区别。

表2-4 权益证明的区别

权益证明	通证	法币	股权	积分
流通性	强	强	中	弱
发行方式	去中心化	中心化	中心化	中心化
权益类型	价值载体、权利和权益	消费	收益权、投票权	兑换商品或抵扣消费
权益强度	强	强	强	弱

从以上的对比可以看出，通证相对其他权益来说，具备一定的优势。所以，可以用简单好记的分类方式对通证进行分类，如表2-5所示。

表2-5 通证分类

分类	涵盖内容
按"目的"	加密数字货币、网络型通证、投资型通证
按"用途"	使用权通证、工作权通证、混合型通证
按"法律"	功能型通证、权益型通证、加密数字货币
按"底层价值"	资产担保型通证、网络价值通证、证券类通证
按"技术层"	非原生层通证、应用通证

3. 通证的作用

通证发挥作用（见图 2-2）也是一步一步发展起来的，不同时期发挥的作用也不同。比如，通证 1.0 时代，主要作用是融资，主要表现为团队、基金会、融资方、早期激励等方面对通证的分配。可以说，通证在这个阶段，对于项目的核心作用就是融资。到了通证 2.0 时代，行为挖矿让用户成为利益相关方，主要用于激励早期注册用户和邀请行为，以便帮助项目或平台尽早形成网络效应。另外，激励内容创作和发现，也就是常说的写作赚币和点赞赚币。这个时期通证已经把用户变为利益相关方，自发维护社区氛围。到了通证 3.0 时代，才开始实现全生态、全闭环，通证使得每个人都可以成为区块链上的贡献者，同时也是每个区块的享有者和数据受益者。人们真正实现资产上链，在一个大的底层框架内构筑各式各样的应用，打造一个无信任成本、具备超强交易能力、风险极低的平台，这个平台可以实现全球范围内日趋自动化的物理资源和人力资产的分配，促进科学、健康、教育等领域的大规模协作。

通证与互联网最大的区别在于，互联网技术实现了信息之间的传递，而以区块链技术为核心打造的通证则实现了价值的传递。在通证经济时代，我们会将数据资产化，所有数据资产有了科学的计量定价体系，无论是谁需要使用我们的数据，都要支付相应的通证，如此就实现了价值之间的传递，也给我们带来了一个数权社会。

在通证经济体系中，有两个核心要素：一是所谓的经济体，就是我们当下看到的实体经济，包括新型经济、用户、智能合约和产品服务；二是交易平台，例如过去的以物易物，必须有一个公共公平的交易平台，未来持有的通证，是要通过平台进行交换的。用户掌握了区块链技术，通过通证对应的网络链接，可以随时了解信息，了解合约的运行情况，而且可以对每个合约进行点评，并通过推广获取激励。

支付作用	支付作用是通证存在的基础。无论是哪种类型的通证，自带流通的属性都能使其在约定场景中实现交易支付。如在交易所的交易支付、ICO过程的众筹支付、个人之间的钱包转账支付等
证明作用	通证作为区块链技术的一个载体，其本身具备不可篡改性，所以当购买了某个项目的通证，就会自动获得该通证附带的价值承诺和真实有效的权利，系统不需要怀疑通证的虚假性
智能作用	未来智能设备能够通过智能物联网代替人处理一些日常工作。例如，汽车可以自动订购汽油、预订检修服务或清洗服务。冰箱可以自动化订购商品，甚至空调和冰箱可以谈判如何错峰用电。通过通证可以在一个分布式的物联网建立信用机制，利用通证的记录来监控、管理智能设备，同时利用智能合约来规范智能设备的行为
资产兑换和转移作用	在游戏或某些行业，消费者会累积很多虚拟资产（如点数、积分、奖励、装备、战力等），消费者希望能方便地将虚拟资产兑换或转移。比如，游戏玩家希望游戏虚拟资产能从一个游戏转移到另一个游戏，或者玩家之间能够相互兑换虚拟资产。采用区块链的方案，可以实现虚拟资产公开、公正地转移，不受第三方的影响，自动到账
产权登记作用	包括不动产、动产、知识产权、物权、租赁使用权益、商标、执照、许可、各类票据、证书、身份、名称登记等在内的产权登记，都可以采用通证来登记，以保障公正、防伪、不可篡改以及可审计等
社区纽带作用	通证是维系社区的纽带，确保了社区参与者的方向一致性，以利益共同体的形式把所有人紧密联系在一起，所以有了通证才会形成社区共识，而没有社区共识，就没有区块链的存在

图2-2 通证的具体作用

通证改造不是单纯解决一个商业模式以及激励机制，而是将实体经济与区块链技术甚至数字技术相结合，形成自己的商业生态，这才是真正的通证经济改造或者说真正的链改，也是通证释放巨大威力的地方。

通过通证经济改造，将企业的资产收益权以通证的形式进行发行，全球投资者都可以在公开市场上购买、持有和流通，通证以此支撑实体经济的发展和运营。未来，通证就像股票一样，并有可能取代传统的股票，成为每个用户的权益或者分红的权证。

同时，通证还可以代表一切权益证明。从身份证到学历文凭，从货币到票据，从钥匙、门票到积分、卡券，从股票到债券，人类社会所有的权益证明，都可以用通证来代替。

通证的具体作用有哪些呢？除了图2-2提到的六点，通证的应用领域会不断扩大，将覆盖人类社会生活的方方面面，不再依靠第三方个人或机构获得信任或建立信用，而是在各类社会活动中实现信息的自证明，实现信息的共享。包括司法、医疗、物流等各个领域，区块链技术可以解决其信任问题，从而提高整个系统的运转效率。

4. 通证三要素（通、证、值）

通证包括三要素，即"通""证""值"，这三要素分别对应流通、权益、加密。

第一要素——"通"指可流通，包括使用、转让、兑换等。一个凭证在公司内部使用和在全社会流通具有完全不同的性质。为什么能流通呢？因为它具有第二要素——"证"，它可以被识别和防篡改。我们现在之所以敢于接受人民币的流通，是因为在某种程度上人民币具有高超的防伪技术。通证的第三个要素是"值"，即价值。通证作为价值的载体和形态，背后代表的可能是股权、货币，也有可能是承兑汇票、物权，多种形式的权益都有可能。通证的这种价值属性，源于社会对其价值背书方信用的认可，所以笔者又将其称为社会共识。

为什么说通证就是"通""证""值"三者组成的统一体呢？

"通"和"证"是通证的本质属性，"证"的可信度代表未来的某种权益；"通"代表流动和通用，代表未来可以在二级市场上进行交换。但是，仅有权益与交换就可以了吗？"值"代表价值，一个能够交换的权益如果没有价值，就没有存在的意义。因此，通证需要这个非常重要的属性——虽然这个属性从理论上讲不是必需的，但在现实商业中，没有了它就没有了通证存在的意义。通证必须具有经济价值，能够获得人们的共识信任，并促使人们愿意为此妥协和付出代价。通证三要素——"通""证""值"，三者缺一不可。前两者是通证的必备要素，后者赋予通证商业价值和存在的意义。

区块链技术的本质，在于用技术建立信任，促进人类尤其是陌生人之间的大规模协作。区块链一方面通过公开账本建立起陌生人之间的信任；另一方面通过通证激励使得每个参与创造价值的角色都能公平地分享价值，从而提高系统活力，高效实现群体协作。

通证，顾名思义就是通行证，这种具备类货币属性的新事物拥有极强的流动能力和穿透效应，能够做到最大限度的资产证券化，让资产更有效地流动起来，更好地支持个人事业与社会发展。但它不会成为真正意义上的货币，它只能是一种数字化的加密权益凭证。

通证经济虽然听起来复杂，如果我们将其分解并结合实际生活中的例子，也就没有那么神秘了。依托区块链诞生的通证经济，就像生活中的地契。

一份正式的地契通常包含以下内容：

立契人、受契人、土地说明（四方边界和所含税亩）、典当或出卖原因、立契手续、土地所有权说明、双方的权利和义务、土地附产说明、上手契的处理说明、官颁契与契尾，最后写明立文契的时间、卖户、中人（民间介绍或作证的人）签字画押。

地契包含的内容：

（1）土地使用范围确立；

（2）土地的权益确立；

（3）地契所有权转让变更；

（4）为地契确定法律效力等。

土地被转化为一份地契，而这份地契具有可信（法律效力赋予的）、可流通（地契抵押、买卖等）等特性。

地契中的可信与可流通性，恰好符合通证经济的"证"和"通"两个要素。"证"，要具有可信度，代表某种权益；"通"，代表的是流动性和通用性，能够在二级市场上进行交换。

但通证较之于地契有了更大的提升，如表2-6所示。

表2-6 通证的优势

优势	表现
更可靠	通过区块链利用加密算法与分布式记账机制，让通证具有可追溯和不可篡改的特性。这种基于机器的保护、数学的共识，以及分布式的系统，比任何基于人控制的中心化系统更为可靠
打通了传统边界	当对传统资产与权利进行通证化，如股票和债券等资产以通证的形式存在于区块链上，这个价值网络就可以突破传统边界，打通现实世界与价值网络的鸿沟
一切可通证化	通证的终极是通证一切，如对资产、行为和权利的资产化，产生一种突破数字实体边界、不受原有系统限制的处置资产的能力，让一切有价值的东西都可流通交易

通证的升级，能够诠释其三要素对应的"权益、加密、流通"。

通证不再局限于令牌或者代币，同时还代表使用权和收益权，成为可流通的加密数字凭证。

第一，权益要素。通证必须具有权益属性，必须是以数字形式存在的权益凭证。当然，这里的权益是广义的，它可以是一种证明、某项功能、合法权益、支付能力等。也就是说，它拥有可以实现的固化在其基础之上的内在价值，必须代表某种权利，是经济价值共识的体现。

第二，加密要素。这一点是基于密码学保障的特征，确保了通证的真实性、不可篡改性、保护隐私的能力等。可以说人们对通证的信任，很大程度上源自对加密技术的认可和信任。每一个通证，都由密码学技术保护，具有唯一性的权利，是不可以复制的，也就是说实现的是价值的传递。

第三，流通要素。通证需要在网络中自由流动交易，可以随时随地验证。这一流通性我们可以分作两个层面来理解：一是在通证经济系统中的流通，这是它固有的要素和能力，在通证经济系统设计中就已经固定下来。

二是市场上的流通，在这里通证可以实现一个个交易对，通过交易平台实现场内交易。

三、通证价值

1. 通证的基础价值

一般来说，通证是资产在区块链上的价值表示物，涉及的资产包括三类：比特币、以太币等链上的原生资产，映射到链上的线上资产，映射到链上的线下资产。当它们在链上表示后，我们将之统称为"数字资产"（Digital Asset）。

通证背后不一定存在实体公司或合法机构。从广义上来讲，通证可用于支付底层协议、平台或生态提供的服务。通证或用于特定协议中（如Steem是一种Network Token，为Steemit平台长期作贡献的人将会得到Steem作为奖励），或作为项目生态中的交易媒介（如Powerledger的POWR通证，它用于在平台上进行能源买卖）。

通证代表可以流通的权益（包含通行证、激励、权益证明、价值存储的媒介和支付清算的手段）。

通证是凝结在密码中的人类共识符号。也就是说，通过一种密码技术，让通证的价值得到人们的认可，大家形成共识，相信它的价值。

通证（Token）是区块链时代的财富代码，本质上是一种权利，用来支配资产和劳动。

"Token"的定义最早被翻译为"代币"并不是十分合适，最后用"通证"来定义，这更加准确。

Token的本质是金融权利被技术穿透，是技术进步带来的天赋人权。每一个碳基生物和机器人都是平等的，每一个人类都可以用自己的信用做背书发行 Token，募集生产资料（代币或者等值算力）去实现自己的想法。这种去中心化的方式减少了对传统社会组织结构的干预。所有的价值，都是基于人与人、人与机器、机器与机器之间达成的共识，通过算法予以确认。

真正有价值的 Token，融合了物权属性、货币属性和股权属性，是"三权合一"的。它是一种超越股权、债权的资产，是一种更柔性的权利。

我们把通证的价值划归如下五种：

第一，构建一个激励机制是通证最核心的价值。

第二，通证在去中心化的系统上帮助社区运营建立一个机制。

第三，通证可实现市场的启动。

第四，通证是融资工具。

第五，通证具有投资价值。但我们认为其投资价值在于系统的无限可扩展性。共识机制、分配机制和激励机制，是通证经济的价值基础。

接下来我们探讨一下通证经济的共识机制，最典型的例子是货币的出现，货币就是一种价值共识。通证的估值不能简单地套用传统的股票或债券估值模型。因为它是使用权，我们要以使用价值去估值，这是它与股票、债券最大的差别。它不是融资工具，融资仅仅是附带的价值。通证真正的价值在于，只有基于通证，人们才能在区块链上构建一个经济激励模型。

2. 通证价值的评判

有人说数字货币就是一堆数字，根本没有投资价值！一堆数字本身自然不值钱，但数字背后的权益和价值才是人们看中和追逐的。就像股票，本身就是一张纸（现在连纸都省了，也是一堆数字），但是数字背后有实体公司的价值在支撑它的价格！通证作为数字货币（准确来说应称其为数字权益凭证），持有者可以拥有分红权、知情权等一系列权益。

如果说发行股票是资产证券化，那么我们认为发行通证就是资产数字化。未来的世界一定是数字化、智慧化的世界！通证，比股票更强大的地方是它可以自由流通，流通产生价值。股票虽值钱，但只能在股票交易软件上买卖，而通证除了可以在交易所进行交易，还可以像微信、支付宝一样扫描支付，方便快捷！而且通证具有公开透明、不可篡改、不可逆转等属性，这些属性天然地解决了公开、公平、公正的"三公"原则，也就解决了陌生人之间的信任问题！

通证不是自带价值，而是承载着价值的量化互联。区块链的本质是加密的数字凭证，但如果不进一步被用作价值的传输协议，那么它依然没有意义。区块链正因有了通证，才变得意义重大起来。

在未来，我们完全可以用手里最有价值的东西——数据，去参与经济活动，获得经济活动当中所产生的收益的分配权。同时，在未来的数字经济时代，人们用公链的方式搭建个人的交易所，用数据交易帮助个人为数据定价。

通证的分类可以从多个维度进行，主要包括目的、用途、法律地位、底层价值和技术层，如图2-3所示。

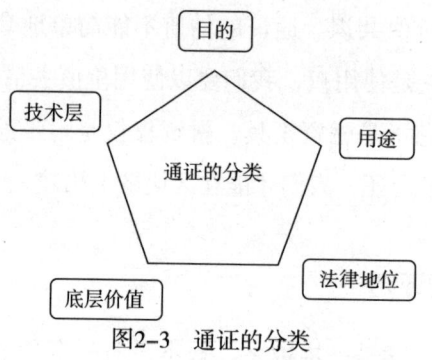

图2-3 通证的分类

第一，根据目的划分。根据设计目的不同通证可以分为加密货币（如中本聪设计的比特币就是一种新型的加密数字货币）、网络通证（如币乎的KEY、赞我的EDS、优享的UX，只能在相应的平台上应用，并不能跨平台使用）、投资通证（这种通证是作为投资于某个实体或资产的权益证明而被设计出来的。每一份通证对应的是一份实体或者资产，可以享受这份资产的利润分红，但是其本身并无功能）。

第二，根据用途划分。也就是说，一个通证可以发挥什么作用。一般分为应用型（提供数字化服务，使用项目的服务必须持有通证，比特币是目前最为人熟知的此类通证。为了使用比特币区块链，人们需要比特币，同时比特币的持有者可以通过挖矿过程参与比特币区块链的安全维护）、工作型（赋予通证持有者向一个去中心化组织贡献工作的权利，帮助去中心化组织正常运转，如交易即挖矿的 FT）、混合型［未来的通证既可以作为应用类通证，也可以作为工作类通证。当以太坊从工作量证明（PoW）转到权益证明（PoS），ETH 便成为一个应用类通证和工作类通证］。

第三，根据法律地位划分。从法律属性来看，通证可以分为实用型、证券型以及加密货币。目前，为较多国家所接受的大原则是：只要没有明确用途的通证，以及不是纯粹的"加密货币"的通证，都可能被监管单位认为是"权益型或者证券型通证"。这类观点以美国政府部门及证券交易管理委员会为代表，他们为此举办了多次议会听证会。

第四，根据底层价值划分。通证的底层价值基于不同的资产和机制。有些通证的底层价值来自其绑定的传统资产，与现实世界资产的权利相通，即有资产背书型通证。还有一些通证与网络价值相关，而不是与中心实体相关，如我们比较熟悉的微博。微博的市值怎么看？我们一般不会给微博交钱，但是并不妨碍微博市值几百亿元，为什么？因为微博活跃用户 3 亿多，日活跃用户超过 1 亿，这就是网络数据流量价值。同理，这里说的网络型通证的价值，就来源于网络参与者的核心交互而产生的价值。有些底层价值则连接至发行企业未来在商业上的成功，这种类型的通证被大多数司法管辖区归为"带分红的证券型通证"。

第五，根据技术层划分。根据通证所处的技术层，主要可分为区块链的原生层通证（这种通证我们可以理解为公链通证，如 ETC、ETH、EOS 等）、非原生的协议层通证（这种通证是建立在上文提到的公链基础上的一种应用通证，如建立在以太坊公链技术之上的应用 Augur 发行的 REP）、应用层通证（这种通证一般情况下都是与 DApp 集成在一起使用的，主要是 DApp 里针对用户的一种激励机制，基本上每一款 DApp 推出后都会形成自己的通证）。

根据以上五个维度，意味着一种通证要承载不同的价值尺度。目前，市面上不说过万，至少也有几百上千种通证。每种通证虽各有独特之处，但总有几种典型特征。根据这些比较典型的有别于他类的特征，我们可以尝试将某些通证归为一类：公链启动后，经社区共识认可、可以代表公链、能够与公链功能直接发生交互的通证，我们将其归类为公链型通证，如 BTC、ETH、EOS、TRON、ONT、XIF 等都属于公链型通证。

在众多的公链型通证里存在两种比较极端的情况：它们要么具备完全的信用价值，要么具备完全的实用价值。如果我们不将通证流通和存储的功能归类为实用价值，则可以说某通证具有完全的信用价值。如比特币（BTC）和映射型通证都具有完全的信用价值，完全的信用价值是货币的基础。

另外，公链型通证如 EOS，有实现完全实用价值的可能。EOS 为用户提供账户、身份验证、数据库、异步通信和在数以百计的 CPU 或群集上的程序调度。该技术的最终形式是一个区块链体系架构，每秒可以支持数百万笔交易，普通用户不用支付使用费用。

以太坊是一条公链，在以太坊链上运行的每个应用都会消耗整条链的资源。但 EOS 只是区块链基础架构，开发者可以自由地在 EOS 上创建公链，链与链之间不会影响彼此的资源使用，不会出现因个别应用资源消耗巨大而造成的网络大面积拥堵。同时，在 EOS 上转账与运行智能合约并不需要消耗 EOS 代币，这一特性能够吸引更多的用户。

3. 通证的应用场景

通证是区块链上进行价值表示的记账单位。它是去中心化的，这使得它可以用于生态的构建；它是有价格的，这使得它具有更好的激励效果；

它具有流动性，这使得它既可用于储藏价值，又可实际应用。从区块链商业应用的角度来看，通证是核心连接点，有效地设计通证模型，方可激励与治理一个产业生态圈，从而构建"通证经济体"（Token Economy），即一个运用通证（Token）的产业生态圈。

这里需要重点提及一下激励。激励只是手段，协作才是目的。通过激励机制实现协作，通过协作达成某些效果才是最终目的。这些想要实现的效果必须直接/间接地具有价值，或者远期内具有价值，其根本目的是创造价值，否则就是为激励而激励，没有意义是不能长久的。

协作的最终目的是创造价值，创造价值就要求项目有可行的商业模式。当然也可以是能让商业模式更加高效的行为。例如，基础设施的完善、交易摩擦的减少、交易效率的提高、品牌形象的建设等，这些行为虽然不能直接创造利润，但同样具有价值。这些行为的激励占比在一个成熟的通证经济模型中不应过高。

有些项目的商业模式比较特殊，短期内无法形成闭环，但从长期来看有形成商业闭环的可能，或者能够配合其他业务形成联动效应，为其他价值更大的项目赋能。此类情形对项目方的能力提出了更高的要求。

无论何种通证模型，都不应脱离商业模式来谈。不是所有的项目都能成为比特币，都可以靠共识活着。以太坊还处于价值捕获阶段，其他项目凭什么能够脱离商业谈梦想？

通证具备双重含义：一方面它是可编程的标准化证券；另一方面它也是产品使用权预售凭证。通证兼具产品特性与金融特性，从产品使用权角度来看，通证符合需求定律，需求越大，通证价格越高。需求度决定了通证的价值基础。无论如何炒作某种通证，最终通证价格会回归到产品的使用价值上。通常所说的通证，即价值表示物。如果用互联网类比，通证则相当于经济体的基础构件。通证可以表示个体间的经济关系、组织关系，用来提高协同效率，降低交易成本，等等。

在人类经济生活中，有多种多样的价值凭证：有明确的金融类凭证，如现金、存款、外汇、上市公司股票、债券、期货等；有流通性较低的凭证，如房产证、未上市公司股份、收藏品等；有消费类的凭证，如过去的粮票，现在的演唱会门票、提货券、优惠券、消费积分等；还有其他凭证，如个人的学历证书、病历、行为数据、会员资格或企业的商业秘密、知识产权等。在经济生活中，一个人持有凭证即表示其是财产的所有者。

当我们进入数字化时代，这些凭证如何数字化成为新的难题。这包括三个方面的问题：如何以某种数字化的方式将价值凭证表示出来？数字化凭证如何与它的所有者形成对应？如何形成有效的数字化凭证的市场，以决定其价格及便利交易？

而通证作为链上的价值表示的记账单位，所有者可以利用公钥/私钥组合确定性地拥有这一凭证。当不同的区块链网络通过市场机制连接后，可形成统一的、通用的市场，各种凭证可以方便地兑换。人类社会中的各种价值凭证均可基于区块链技术用通证来表示，实现全面数字化。尽管到目前为止，通证的应用集中在区块链技术本身所在的加密数字货币、加密资产交易等极小范围内，但接下来，我们可以乐观地预期它必将像信息互联网一样快速地铺展开，最终形成一个繁荣的价值互联网。

通证常见的应用场景有以下 8 种。

（1）通证的货币形式应用场景

这种模式本质上就是加密数字代币（Crypto Coin），最典型的就是比特币，这是大部分区块链项目的必备模块。加密数字货币模式下的代币，既可用于点对点支付与结算及对资产通证的定价，也可用于资金流通、消费激励、投资理财份额管理等各种数字加密用途。

（2）加密和溯源

该模式的通证主要来自食品安全的上链追溯，利用区块链的分布式账本和数字加密技术，对物联网采集的食品/农产品数据进行加密上链与分布式存储，并将每个食品链条上的节点都通过 DApp 进行公钥加密确认上链，最终通过消费者实现溯源闭环。

比如，杭州市民黄先生最近购买了一罐进口奶粉。收货后，他发现奶粉罐上有一个二维码，拿手机一扫，就看到了这罐奶粉从澳大利亚到杭州"漂洋过海"的所有物流信息。据了解，每年"双十一"期间，通过区块链技术，天猫平台来自全球百余个国家和地区的近4亿件海淘产品，都拥有这样的"身份证"。区块链溯源的技术特性解决了"此物是此物"的问题，对未来有效解决食品安全等顽症问题也提供了可能。

（3）电子发票

在金融、财政领域，通证的应用可降低计算成本，增加资产可信度，防止人为操作带来的篡改风险。比如，深圳市宝安体育中心停车场有了区块链电子发票的开具流程：扫描现场的二维码，输入车牌并手机支付停车费用，停车系统的微信公众号自动推送"发票申请通知"的入口；点击进入，输入发票抬头和税号后，一键开具电子发票。整个支付、开发票的过程不超过2分钟。深圳市区块链电子发票系统项目荣获了"深圳市市长质量奖（服务类金奖）"。该奖项由深圳市人民政府设立，旨在奖励对深圳质量建设作出积极贡献与示范带动作用的组织与项目，推动打造世界一流的"深圳质量"与"深圳标准"。

区块链电子发票将发票的开具、流转、报销的全流程上链，实现了"交易即开票""开票即报销""发票即数据"，每一张发票都可查、可验、可信、可追溯、可管控，解决了传统发票在企业用票、个人开票、税局管票过程中的痛点、难点，降低了企业、消费者的经济成本和时间成本，同时还支持税务部门以信息控税。这为推进国家治理体系和治理能力现代化奠定了极好的基础。

（4）数字资产化

数字资产化是一种上链的数字资产，包括实物资产与加密资产的上链数字化。它也可能是数字加密资产的所有权、使用权、经营权、收益权或数字权益。

（5）个人数据货币化

通过数据通证将个人数据货币化，将数据控制权与收益权还给个人。数据模式的通证经济适合接触与管理海量用户数据的企业，或者海量用户入口的流量平台。

（6）内容真伪辨别，版权追溯

该场景的通证可围绕内容创作、知识版权、艺术版权实现分布式账本与货币化，以内容真伪辨别、版权追溯为主要功能，实现以创作人、评论人、收藏人等为主体的产业共识价值。网络作家陈虹焱每完成一部分文稿的创作，除了保存作品内容，她还会将文稿信息上传至一条看不见、摸不着的数据链中，为自己的无形产权加一把"锁"。她说："只要把文稿上传，系统就会自动生成一组数据，只有3KB大小、被称为哈希值的密码数值，是文稿唯一的电子身份证。有了这个电子身份证，我的作品就有了被法院认可的证明书，就不怕侵权纠纷了。"

（7）服务合约

这是一种分布式的服务合约，通过对服务合约的数字化以及支付结算的代币化，实现自带激励机制、代币增值的分散式共享经济生态。这种模式适合按需、按次呼叫的服务，如外卖、家政、地产中介、售后上门等。

（8）粉丝互动

将娱乐圈中的偶像或"网红""大V"打造成娱乐链的通证，进一步销售商品、打赏、服务、票务等，形成一个分布式娱乐价值协议。这种模式适合娱乐产业公司。

四、通证对实体经济的改造和赋能

1. 通证为何能为实体经济赋能

近年来通证经济大受关注的原因,除了延续数字货币的热潮,还因为真正的区块链通证是可以赋能实体经济的!

多年来,互联网经济中的流量经济、粉丝经济,价值重构和价值创造的速度和规模远远超过互联网基础设施。通证虽然借由区块链而来,但已经超越区块链的大多数"代币"。通证启发和鼓励大家把各种权益证明,如门票、积分、合同、证书、点卡、证券、权限、资质等全部拿出来通证化,放在区块链上流转、交易,让市场自动发现其价格,同时得以在现实经济生活中消费、验证。这是紧贴实际生活应用场景的,也是切切实实扶持实体经济的。

正如流量经济和粉丝经济超越了互联网的基础设施一样,通证也会在区块链的基础上走得更远,创造新一轮的数字经济革命,为实体经济带来新的价值。

为什么说通证经济能为实体经济赋能,是因为实体经济存在不少问题,具体有以下四点。

（1）融资问题

目前很多中小微实体企业尚未建立规范的信息披露体系,也没有强烈的意识去建立信用系统,因此缺乏可信数据而被金融机构上黑名单。黑名单是谁评出来的?不是一家银行。这也是中小企业"融资难、融资贵"成为世界性难题的重要原因之一。"融资难"这一问题不解决,实体经济就没有出路。

（2）运营成本高

租金、人工、水电等运营成本高是实体经济举步维艰的根源之一。为什么很多制造企业遇到很大的困难？因为实体企业的运营成本让其不堪重负。企业没有利润还怎么坚持下去？

（3）产品创新难

现在提倡创业创新，笔者认为应该是创新创业，没有创新就不要盲目选择创业。现在很多实体企业，造成困境的主要原因就是缺乏创新。在社会经济高速发展的当下，一个企业若没有创新，如何能参与市场竞争？企业没有创新就等于士兵上阵打仗手里没有武器。目前的实体企业正面临这样的局面，不创新就是等死。但是市场上仍存在假冒伪劣商品，存在知识产权侵权等问题，从某种程度上来说，这是企业难以创新创业的根本原因之一。

（4）缺乏匠人匠心

现在很多实体经济创业者没有把创业当作事业，而是把创业当作投机，急功近利的心态做不好企业。作为一名实体经济创业者，要具备匠人匠心，匠人做企业，匠心做产品，这才是正道。比如，一些电商平台，为了一己之利，让实体企业相互竞争，导致很多实体企业没有利润甚至是亏本赚吆喝，这怎么能制造出好产品？

随着区块链技术的不断发展，通证能够在一定程度上缓解实体经济存在的这些问题。

第一，通证的供给充分市场化，任何人、任何组织或机构都可以基于自己的资源和服务能力发行权益证明。通证是运行在区块链上的，随时可验证、可追溯、可交换，其安全性、可信性、可靠性是其他方式难以比拟的。每一个组织和个人都可以很轻松地把自己的承诺书面化、通证化、市场化。

第二，具备前所未有的流通速度。通证的流通速度相较于传统的卡、券、积分、票快了数百甚至数千倍。得益于密码学的应用，这种流转和交易极其可靠，从而大幅降低了纠纷和摩擦。如果说在传统经济时代，衡量整个社会经济发展的一个重要指标是货币的流转速度，而在互联网经济时代，衡量一个国家、一个城市发达程度的一个重要指标是网络流量，那么在数字经济的时代，通证的总流通速度将成为最重要的经济衡量指标之一。当个人和组织持有的各种通证以惊人的速度流转、交易的时候，我们的生产和生活方式将发生翻天覆地的变化。

第三，对于价格能够灵敏辨识。由于通证高速流转和交易，每一个通证的价格都将在市场上获得迅速的确定。这种现象可以被视作通证经济中的"看不见的手"，它的灵敏度和精细度与传统的市场价格信号相比，提高了数百倍甚至数千倍。它将把有效市场甚至完美市场推到每一个微观领域中。

第四，通证的应用围绕智能合约，可以激发出千姿百态的创新，它创造的创新机遇、掀起的创新浪潮，将远远超过计算机和互联网时代的总和。另外，通证与大数据结合成为趋势，将开创新的数字经济时代。

通证经济如何赋能实体企业？主要体现在以下四个方面。

一是通证化的改造，可以促进组织的持续变革。通证打破了传统的组织边界、信任边界；通过"通证经济 + 传统行业"的方式，既能推动通证经济在中国的健康、快速发展，也能推动中小企业的转型升级，最终带来巨大的社会效益和经济效益。

二是通证化的改造，可以实现企业从股改到链改、从上市到上链。企业的资产证券化，成为证券型通证，而且通证的流通都被不可篡改地记录于区块链的每个区块，确保了其真实可信。这种模式解决了中小企业构建上下游生态门槛高、成本也高的问题。中小企业在供应链中引入通证流通，从而优化供应链管理流程，提升整体效率，最终实现供应链信息流、商流、价值流的良性闭环。

三是实体企业基于通证化改造，解决了人才留存难、获客成本高、品牌推广慢的挑战，从而节约产业成本，提高产业效率，促进产业优化。中小企业通过发行通证来激励员工，可以拉近与大型企业在人才招募方面的实力差距。在后互联网时代，人才的竞争是业务竞争中非常重要的一环，而通证经济将给中小企业带来吸引人才、留住人才的机会。通证也是企业拉近客户距离、增强客户黏度非常好的工具。这种采用通证方式来消费的模式，不仅能降低消费成本，还能给客户带来更多便捷，并给客户更多的激励。

四是解决中小企业推广产品、树立品牌所面临的困难。在整个市场被互联网巨头垄断流量的情况下，中小企业要想推广产品或者树立品牌，就要被动付出高昂的流量费用。借助通证经济可以很好地解决这个问题。"通证经济思维＝社群模式＋区块链技术＋通证经济的资源设计"，也就是"人群＋自动分配技术＋激励机制"。实体企业发展通证经济模型有什么价值？这个问题的答案显而易见，通证是一种激励手段，企业要用它来鼓励企业想要促进的行为。比如，对用户购买进行激励，可以买产品送通证；对用户分享进行激励，可以分销发展合伙人送通证；对用户活跃度进行激励，那可以就签到、交互等行为送通证。这些都有利于企业的快速高效发展，做大企业市值，使企业迈入新的阶段。企业基于区块链发行总量恒定通证，对用户的购买、分享、留存行为进行激励，用户获得了通证，通证可以在企业生态内兑换产品或服务，也可以在二级市场实现交易兑现。这使用户为了获得更多通证激励而强化行为，这种强化是明显有利于企业发展的，企业可以借此更多地销售产品或提供服务。随着企业的发展和增长，通证对应的分红也会增加，用户的行为将得到进一步的激励。

2. 通证对传统金融市场的影响

谈到金融，离不开货币。金融形式往往与货币流动有着十分密切的关系。历史上，商品的交换往往是即时的，即一手交钱一手交货。随着时间的推移，我们引入了很多的概念来描述和处理商品交换，如信贷、抵押、错配、杠杆、期货等。引入第三方机构的服务后，商品所有权的转让不再需要即时完成，于是采用"支付—结算—清算"概念来描述整个商品交易周期。

随着金融衍生品的增多，金融系统的逻辑复杂性与实现的难度显著提升。考虑到如今银行系统的复杂程度和庞大的遗留数据等，想要基于现有系统进行重构几乎是不可能的。

区块链的通证技术公开、不可篡改的属性，为去中心化的信任机制提供了可能，具备改变金融基础架构的潜力。各类金融资产，如股权、债券、票据、基金份额等均可以被整合进区块链账本中，成为链上的数字资产，在区块链上进行存储、转移、交易。这使得通证在金融领域的应用前景广阔。

目前的"金融"多是指"互联网金融"，如线上支付、线上资金筹集及线上理财等。整个金融活动的开展、进行和完成均以互联网为依托，有效突破了传统金融在时间、地域上的限制，使资源配置更加方便、快捷、透明、有效。但是，作为一种新型业态，互联网金融在迅猛发展的同时，其信用风险、信息安全、法律风险等也逐渐凸显。国内外互联网金融失败案例屡见不鲜，互联网金融的健康发展也因此受到了影响。而区块链技术对相应风险具有防范、控制和降低三重效果。

第一，引入区块链技术后，交易确认即完成清算和结算，由此可大大降低交易对象的风险。

第二，区块链将交易过程数字化，并进行完整记录，从而能够有效控制欺诈、手工输入错误等操作风险。

第三，区块链的分布式网络与共识机制，能够减少金融企业受黑客攻击等系统风险。

以区块链征信系统为基础，通过对征信系统的个人或企业进行详细的区分，可将其划分为以下三类：优质类客户、风险类客户与中间类客户。对优质类客户，互联网金融企业可全力为其提供金融服务，保证收益。对风险类客户，互联网金融企业应将其拒之门外，减少损失。而区分中间类客户属于优质类还是风险类,则是区块链的主要任务。区块链技术可对中间类客户进行全面的数据分析,通过收集他们的网上日常活动,包括消费习惯、网页浏览习惯、借贷频率等信息。通过对这些数据进行筛选与分析,得出有价值的参考信息,并据此对客户进行信用评分,从而极大地预防和减少互联网金融企业风险的发生,进而有效降低企业的经济损失。

此外,区块链去中心化的特点可以保证其能建立起一个全网络定时刷新的记账系统。每一次交易都会有一个唯一性的时间标记,同时全网可见,保证交易历史的唯一和透明。这样既可以避免重复交易,又可以防止伪造交易记录的投机行为,进而最大限度地减少互联网金融交易的欺骗行为。

最后,区块链分布式系统透明、公开、不可篡改,既可降低结算与支付的出错率,又可实时监控每一笔资金的流入流出情况,有利于金融监管,降低金融风险。

除了以上提到的传统金融机构在通证技术的应用中取得的显著进步,这一技术还在企业融资、抵押、资金监管等方面产生了新的价值。

第一,中小企业在经营过程中常常存在经营不规范、税务存疑等不重视信用积累的问题。这些企业在向银行申请融资贷款做风险评估时,由于银行对其还款能力和经营状况存疑,可能会认为他们存在还款风险。这样一来,这些企业就难以获得贷款,银行资金又无法释放。通过区块链技术具有的点对点传输、分布式数据存储等特点,在区块链技术搭建的平台上记录业务核心单据、关键流程,与"可信"连接,使得链上任何中间参与者都能快速获取真实的信息、数据与价值。这增加了机构之间的信任,有利于金融机构对中小微企业发放信贷、提供支持。

第二,链上的数据资产可以用来做抵押。一般企业融资贷款需要向银行提供抵押,大企业还好,小微企业往往因资产有限、抵押不足而很难拿到贷款。通证能够解决这些难题,如依托产业链上各个参与方的真实数据形成"中小核心企业区块链付款保函",以此为抵押来进行融资。以区块链技术为核心搭建新型融资平台,可以验证产业链、资金流的数据真实,取代传统的抵押、担保，帮助中小企业获取银行、信托等牌照金融机构提供的基于其未来现金流的融资。

第三，在审批贷款上简化了金融办理手续的同时，还能对资金流向进行有效监管。在区块链技术搭建的融资平台上，链上所有参与方数字签名实时上链，具有法律效力，整个融资的资金流转情况"留痕""可溯"且不可篡改，这种对融资全流程、全生命周期进行的穿透式监管，杜绝了资金挪用等风险。

第四，将"证券"变为数字通证。对于像比特币和以太坊这样的分布式账本，就是对传统金融进行了全面改革——将"证券"变为数字通证。证券通证是代表相关资产或证券所有权的数字通证。这些数字通证很快将在像以太坊或比特币这样的公共网络上发布，具有合规性功能。与纸质的所有权不同，数字所有权可以编程、股息支付、归属期约定、分配、股东投票等。

区块链技术在金融领域的应用最为广泛，这得益于金融行业所具有的普惠性、系统性、高风险性、效益依赖性和高负债经营性等特点。在金融科技时代，金融业正朝着科技化、多样化及与外部技术深度融合方向发展，这些趋势为区块链技术在金融领域的优先发展和布局提供了优势和条件。全球区块链市场份额中，金融产业所占份额最大，达60.5%。区块链技术已在数字货币、支付清算、票据与供应链、信贷融资、金融交易、证券、保险、租赁等细分领域从理论探索走向了实际应用。目前，各大银行已将区块链技术应用于脱贫基金管理、跨境与跨行支付、信用证管理、供应链金融等领域。

3. 通证参与传统实体经济的数字化和经济模式创新

传统实体经济的通证化改造是一种深度的数字化和经济模式创新过程。它利用区块链技术，将实体经济中的资产、权益等转化为可流通、可交易的通证，进而实现价值的有效传递和资源的优化配置。

首先，通证化改造能够提高资产流动性。通过将实体资产通证化，原本难以流通的资产得以在区块链网络上自由交易，从而增强了资产的流动性。这有助于降低交易成本，提高市场效率，促进资源的有效配置。

其次，通证化改造有助于优化组织结构与激励机制。传统实体经济的组织结构往往较为固定，激励机制也相对单一。而通证化改造可以打破这种限制，通过发行通证来构建更加灵活、自组织的经济体系。同时，通证还可以作为激励机制的载体，通过赋予持有者一定的权益和回报，激发其参与经济活动的积极性与创造性。

再次，通证化改造可以降低实体经济的运营风险。通过区块链技术的去中心化、透明化和不可篡改等特点，通证化改造可以提高实体经济的信任度和安全性，降低欺诈和违约风险。同时，通证化还可以提高实体经济的透明度和可追溯性，有助于增强消费者的信心和促进市场健康发展。

最后，通证化改造还可以推动实体经济的创新发展。通过引入区块链等新技术，传统实体经济可以实现数字化转型和智能化升级，提高生产效率和创新能力。同时，通证化还可以为实体经济带来更多的商业机会与合作可能，推动产业的跨界融合与创新发展。

需要注意的是，传统实体经济的通证化改造是一个复杂且漫长的过程，需要政府、企业和社会各界的共同努力与协作。在推进通证化改造的过程中，我们必须平衡技术创新与监管规范的结合，确保通证改造的合法合规与可持续发展。

传统实体经济的通证化改造主要体现在以下六个方面：

资产证券化：通过通证化改造，实体企业的资产可以被证券化为通证，使得这些资产在区块链上进行流通、交易。这有助于实现资产的数字化，提升流动性，进而优化资源配置。

组织生态变革：通证化改造有助于打破原有的组织边界与信任边界，使组织变得更加自组织与自生态。这种变革有利于组织的持续创新与发展，提高组织的灵活性与适应性。

激励透明化：基于通证化改造，实体企业可以实现激励对象的透明化，解决人才留存难、获客成本高、品牌推广慢等问题。透明的激励机制有助于优化产业结构，降低产业成本，提高产业效率。

降低管理成本：通证化改造允许企业专注于核心业务，无论是生产还是平台搭建，而每个参与者都通过获取通证，成为这个生态系统的建设者与利益分享者。这有助于降低企业的管理成本，提高运营效率。

融资方式创新：通证经济解决了传统实体经济"融资难"的问题。在通证经济时代，企业只要拥有有价值的项目，便可以利用该项目来募集资金，从而拓宽了融资渠道。

供应链优化：通证经济有助于解决上下游生态门槛高、成本大的问题。通过有效的机制与信息数字化，可以低成本地构建上下游生态联盟链，优化供应链流程，提高流通效率。

五、通证经济

1. 通证经济的产生

通证经济是基于通证设计的一整套经济系统，通过通证的发行、流通和激励机制，重构生产关系、分配方式和协作模式。其目标是利用区块链的去中心化、透明性和可编程性，实现更高效的资源分配和价值交换。通证经济的核心逻辑是价值数字化，将传统经济中的资产转化为通证，使其可分割、可交易。通证经济的激励相容机制，通过通证奖励用户行为，如参与治理、贡献资源，将利益相关者如用户、开发者、投资者绑定为共同体；其去中心化协作，通过智能合约自动执行规则，减少中介干预，降低信任成本。

通证经济作为一种经济类型，涉及价值的创造、转化与实现，与人类的生产、储蓄、交换、分配等活动密切相关。从本质上讲，通证经济就是一种以价值驱动为核心的经济。

大部分人都认为通证包罗万象，从门票到卡券、从货币到票据、从股票到债券、从身份证明到学历文凭等都可以用通证来代表。这当然是一种理想和愿景，事实上目前通证经济就是在 Token 的基础上建立的经济生态。

"通证经济"是一个新兴概念，作为现如今互联网行业中大热的词汇，它的出现往往伴随"区块链""经济系统"等诸多名词。尽管人们对通证经济的认可逐渐增加，但许多人仍然难以完全理解它。从某种意义上来讲，一个事物如果你并不足够了解它的过去，那么你一定很难真正理解它的现在与未来。追本溯源，"通证"这个概念的出现，其实不过短短数年。

通证原意指"令牌、信令"，而人们对于它的广泛认识，归功于以太坊及其订立的 ERC-20 标准。基于这个标准，任何人都可以在以太坊上发行自定义的 Token，这个 Token 可以代表任何权益与价值。用 Token 作为代币权益证明进行 STO 是一个普遍的做法，但已经出现的很多 Token 明显不是代币（如加密猫），"通证"也就应运而生。"通证经济"是价值互联网，让每个个体、每个组织都能够基于自己的劳动力、生产力发行通证，形成自金融模式。这一种模式支持基于通证的大规模群体协作，让每个创造价值的人都能够公平地分享价值，充分调动了人们的参与动力，从而促进自组织形态形成。

在通证经济中，通证主要被分为实用型通证和证券型通证两种。

实用型通证，也被称为应用通证（App Token）或用户通证（User Token）。企业为了募资通常会针对自己提供的服务或者产品发行这类通证。实用型通证的价值是依据项目的未来实用价值而评估的。与证券型通证相比，实用型通证更强调自己的开发平台或生态系统，它的价值与平台或生态系统内参与者的活跃度成正比。实用型通证被细分为两类：产品或服务通证（Use of Product）和奖励通证（Reward Token）。实用型通证的优点是随着产品与服务需求的增加及通证数量的固定可能会带来其价值的增加,用户可以获得投票与参与权。其缺点是不受政府部门监管,有加密货币骗局与网络攻击的风险。

证券型通证,通常是有真实资产作为支持的,如资产权益、有限责任公司股份,或者大宗商品等。证券型通证持有人可以获得企业所有权或股份。并且,这类通证受法规约束。证券型通证被用来支付红利、收益、利息,或者通过投资其他通证为通证持有人带来利益。它是具有货币价值的可交易的金融工具,如公共股本、私人股本、房地产、管理基金、交易所基金、债券等都是证券型通证的常见示例。这类通证也被细分为两类:权益通证(Equity Token)与资产通证(Asset Token)。权益通证代表资产所有权,如债务或者公司股份,通过发行上市,而不是通过公开募股来募集基金。它消除了普通投资者或初创型公司进入金融市场的障碍。资产通证是另一类证券型通证。这类通证通常与真实世界的资产相连,如不动产或黄金。证券型通证的优点是法律风险低,进入金融市场的门槛低;缺点是不遵守法规可能会受到惩罚,交易受市场限制,必须针对受信投资人。

无论是实用型通证还是证券型通证,通证经济的意义在于能完善现有的并发展新生的金融生态系统;这不是纯粹逐利的,而是服务大众的;它不是来颠覆现有经济体系的,而是来为现有经济做有效补充的;它不是对现有资产的重新配置,而是要创造新的普惠资产种类。

2. 通证经济的意义

通证经济的产生与数字货币的兴起密切相关,最初以"币"的形式出现。随着技术的发展,逐渐演变为通证的概念,这个演变的过程体现了通证经济的成熟和深化。通证经济的意义有以下几个方面:

(1)降低交易成本,去除中介,自动化执行合约,如智能合约自动分账。

(2)普惠金融,任何人可参与全球资产交易,如非洲用户通过手机投资美股通证。

（3）数据确权，用户通过通证掌握个人数据主权，如医疗数据通证化后自主出售。

通证启发和鼓励大家把各种权益证明，如门票、积分、合同、证书、资质等全部拿出来通证化，放在区块链上流转，让市场自动发现其价格，并且在现实经济生活中可以验证和消费。

通证经济是一个通证化的经济体系。在这个经济体系中，一些重要的价值、权益都被通证化。借助区块链或者可信的中心化系统，这个体系得以运行，把数字管理发挥到极致。如果通证经济再发展30年，我们会感到在前通证时代，靠现代基于会计记账原则以及股权方式进行数字管理是非常原始及落后的，通证经济会把人类的数字管理能力推到一个全新的高度。通证经济颠覆的不只是中间商这一环节，它更深层次地冲击了股份制公司这种已经存在数百年之久的人类商业协作模式，以及整个组织结构及利益分配关系。

在以太网成为局域网的普遍协议之前，曾经推出过一个局域网协议，只有拿到令牌的节点才能通信。这个令牌，其实就是一种权利，或者说权益证明。随着区块链概念的普及，以及以太坊及其订立平台的发展，任何人都可以基于以太坊发行自定义的通证。

在通证经济体中，所有的客观经济对象都以数字和比特的方式存在，从而创造了一种基于数字体验和服务的经济模型，这种模型的核心是使用。由于数据和比特的边际成本几乎为零，能够带来强大的网络效应，形成以平台和生态为主的网络社区。社区依靠共识和规则运行，将不再单纯地以财富的多少来做社会分层。

通证系统的核心不是企业，而是去中心化的网络社区。在系统中，每个人自由连接，他们通过自己的贡献获得相应的通证（Token）作为报酬。这些通证能够流通、交易，并与个人对社区的贡献成正比，从而真正实现公平、公正的按劳分配。

通证经济为我们打造的是"数字规划局",通证是其"数字黄金",是价值的衡量尺度、交换的媒介、资产的重要形式之一。

通证经济将极有利于国家监管和微观社会管理。区块链将所有数据都原原本本地存档,追溯方便,无法篡改,结合人工智能和大数据分析技术,为实施监管提供了极大的便利。

人工智能、通证、区块链三者的结合,已不再是简单的生产和生活方式的变化,而是人类文明演进和生命存在意义的改变。这一结合为监管良好的市场经济提供了新的可能,它既能促进自由交换,又能加强监管,是市场经济的一次大升级,本质上是用密码学,包括跨国界的开源开放超级电脑等未来信息基础设施,去重新定义市场经济。它是否会对实体经济产生巨大的本质的推动?它是否能使我们的生活方式产生根本性的改变?

通证经济不是颠覆既有经济体系,而是为现有的经济体系赋能。通证经济是结合传统经济或新的商业模式、新的组织形式,进行的一种新的治理选择。

以前我们想要一起干一件事情,只有注册公司才能用法律工具来保护各方权益,而区块链提供的共识能力则为大家提供了一个新选择。当然这个新选择不能用区块链本身来实现,必须有应用层的构建和产品才能实现,就如同你无法使用 TCP/IP 在淘宝上买东西一样。

区块链是传递信任的工具。信任不是凭空产生的,必须通过治理策略来保障。在现实世界中,我们用司法、立法、行政等方式来保障;而在通证经济中,则必须构建链上治理的能力,才能保障各方的信任链是成立的。

区块链网络层,实际上映射的是互联网 OSI 模型中的应用层。这意味着,尽管区块链应用仍然是互联网应用,但在区块链的框架下,互联网的作用被管道化了,成为只负责传输的一层。网络层之上则是由各类公链系统提供的共识层,负责提供最基础的记账和共识能力,也就是提供激励、治理、仲裁。缺乏有效的治理,商业组织就如同只发工资而忽视管理的公司，是无法长期运营和生存的。

我们希望通证经济给未来的世界带来一种新的选择，这种选择是由去中心的结构、由算法提供信任构成的基础设施，以及在这个基础设施上工作的一系列应用构成的。

在现阶段，很多人并没有认识到通证的重要性。但当区块链真的"形成气候"时，公众也会不可避免地加入其中。

股票是一种伟大的金融创新。正因为它伟大，所以在某些时刻它表现得不尽如人意时会引发人们的强烈抵触情绪。它可以让人一夜暴富，也可以让人迅速破产。从心理学角度来看，当人们对某项事物寄予厚望时，一旦遭遇挫折，人们很容易对它全盘否定。

通证经济不是发币，而是改造与赋能。当我们明白了这个道理，也就明白了通证经济的意义。

3. 通证经济的作用

区块链可以做很多应用，如用来记账和记录信息等，其核心应用之一是在区块链上发行可信的数字凭证，也就是通证。通证是区块链最大的应用，通过可靠技术，它被赋予了多样化的价值。拥有通证就等于拥有了特定的权益，比如产品使用权、对特定贡献的证明、投票权，甚至在某些情况下，通证代表了资产的所有权。

通证经济具有以下五种作用：

第一，利用通证可信度高的特征，扩大参与者的范围。很多时候，一个新兴事物的发生与发展，人们不了解或不敢参与的原因是难以建立信任关系。区块链的信任建立功能被用来让众多利益冲突的主体也能合作与交易，从而实现信任规模化发展。通证可以扩大信任的范围，从而更容易将产业上下游与其他众多利益相关者纳入一个繁荣的产业生态中。这样的产业生态，我们称作"数字经济体"。

第二，通证作为价值标示物能够激励参与者。在一个交易市场或一个产业联盟中，通过通证的协调让每个人基于自己的利益而行动，最终实现整体利益的最大化。

以优步、滴滴等平台为例，它既是一个车辆与打车人的交易市场，又是一个包括打车平台、车辆出租方、司机、乘客、金融机构、汽车制造商等多个参与者的产业生态。在一个打车平台中可以应用多种通证来激励与协调各方：对管理者与员工的通证激励可以鼓励他们为了平台公司市值的增长而努力工作，对司机的通证激励可以鼓励他们更好地服务顾客，对顾客的通证激励可以鼓励他们更多地使用平台，等等。所有的通证综合起来有助于创建一个优质服务和长期繁荣的打车服务生态。如今，在一个打车平台中通常已有多种价值标示物，如打车App钱包余额、会员资格、司机可提现的收入、司机的资格与服务评分、员工期权等。随着区块链与通证应用的发展，我们可逐步地用通证取代这些传统的价值表示方式，以一种被证明可信的、统一的技术取代多种复杂的技术系统。并且，在各种价值标示物均用通证表示后，它们既可以更便利地进行兑换，也可以进行复杂编程及自动化处理。例如，可编程实现一个主体的多种通证进行原子性的操作，即要么均完成，要么均被撤销并恢复原状。

第三，通证的供给可以实现充分的市场化。首先，每个组织和个人现在都可以很轻松地把自己的承诺书面化、通证化、市场化；其次，区块链上的通证将实现前所未有的流通速度，当每个人、每个组织的通证都在飞速流转、交易的时候，我们的生产与生活方式将完全改变；最后，通证的高速流转将推动市场价格发现功能的实现，将把有效市场甚至完美市场推到每一个微观领域中，使我们在经济学研究领域中提出的完全市场假设理论得以实现。所以通证经济是更高层次的自由市场经济，是市场经济的大升级。

第四，通证的激励机制可促进其自身加速发展。哪里有激励哪里就有动力，从而让这种动力继续推动激励机制的完善、快速发展和提升。通证经济以通证作为激励手段，鼓励区块链的各方参与者积极参与区块链的建设,为通证经济体系贡献算力、资源和信息,并按照区块链的规则自动获得通证的收益或奖励。在区块链的统一规则下,参与者的收益和奖励将取决于其对区块链作出的贡献,由此激活区块链生态系统参与者的积极性,释放社会生产力。所以,以区块链技术为核心的通证经济设计改变了人类的生产关系,将给人类社会带来无法估量的产业创新升级。

第五,改变传统组织形式为通证经济体。通证经济体包括商品数据化、服务数据化、数据区块化、区块通证化、通证流通化、流通激励化。通证经济体或将极大改善人类文明上千年沿袭下来的传统商品流通媒介集权发行所带来的流动性匮乏问题,可能成为未来经济活动的重要形态。

4. 通证经济的发展

通证经济已经历两个阶段:在第一阶段,数字通证需要与传统的经济体系相结合,目标是与现有的金融体系和产业相融合;进入第二阶段,数字通证形成气候、自成体系,正在吸引传统经济形态嵌入数字通证体系之中,呈现了主导整个经济社会演化的征兆。

通证的起点是比特币,因此大部分通证参考比特币的方式进行改进、演化。经过多年的发展,当前的通证经济体系在多个方面,如代币结构、通证分类、运营方式(包括共识机制、发行方式、激励方式和社区治理等),都较比特币丰富了很多。

通证经济的发展模式,大致可分为以下三种:

第一,技术完善型。这一阶段的目标是完善底层技术,专注于解决区块链网络技术难点,追求技术创新和更广泛的应用场景。这类通证大多选择以一层代币结构为特点的支付货币类和多层技术开发平台类通证作为主流发展的通证经济体系。如为了解决比特币存在的信息泄露风险而采用 Zcash(基于 Zero coin 协议)、Bytecoin(基于 CryptoNote 技术)、Monero(XMR)等。在共识机制上,为了减少网络资源和电力资源的浪费,开始从工作量证明(PoW)转向权益证明(PoS)、委托权益证明(DPoS)、拜占庭容错（BFT）以及混合共识机制等。

第二，应用拓展型。这一阶段的目标是追求区块链技术的应用能力，根据场景内容的不同做个性化的调整。这类通证既能选择一层代币结构，也能选择多层代币结构。从最初通证经济等同于以比特币为代表的支付货币，到以太坊的智能合约平台诞生，基于底层区块链技术应用的开发平台逐步成长起来，通证经济的理念也逐渐为产业界所熟知和认同。代表性的通证有 ETH、EOS、TRX、ADA 等。再后来发展出结合实际项目的通证经济，如内容社会平台 Steem、财路、力场、币乎，以及交易平台通证，如 BNB、HT、OKB、KNC、Bancor 等。

第三，以社区可持续经营为目标。这一阶段主要是为了减少市场投机行为，减少市场干扰，以期让区块链社区稳定发展，实现可持续经营。这个时期多层代币结构应运而生。多层代币结构包括管理代币和价值代币，将通证的价值属性和管理属性剥离，从而使得通证的价值波动不会影响区块链网络的正常运作。多层代币的代表有本体（Ontology）包含 ONT 和 ONG 两层代币：ONT 为抵押参与共识，即为管理代币；ONG 为激励交易的手段，即为价值代币。MakerDAO 包含 Dai 和 MKR 两层代币：Dai 是稳定币，即为价值代币；MKR 是管理型代币和效用代币，参与管理系统。STEEM 包含 STEEM、SteemPower（SP）和 SteemDollar（SMD）三层代币：STEEM 是 Steem 区块链上账户的基本单位，进入或退出 Steem 平台的人必须出售 STEEM，可转化为 SP 或 SMD；SP 是一种权限通证，反映持有者的影响力，由 Steem 平台固定向 SP 利益相关者配置 STEEM，SP 转换回 STEEM 必须在 13 周后；SMD 可兑换货币，能够与 STEEM 交换，锚定美元；因此从属性上划分，STEEM 和 SP 是管理代币，SMD 是价值代币。

区块链技术去中心化的设计为买卖双方之间的交易关系带来了变革，它打破了当前的以物资所有权为基础的交易模式。通证经济在技术复杂度、内容深度和广度上都有极大的提升。但比特币在通证经济体系设计中的奠基作用是毋庸置疑的。目前，通证经济体系依然保持着发行"代币"的形式,比特币的框架如共识机制、发行方式、分配方式已成为通证经济体系的范式。经过发展,通证经济实现了许多功能,如表2-7所示。

表2-7 通证经济功能分类

分类	分析
价值交换功能	通证在特定市场也是价值交换的基本单元,这就使得通证具有允许使用者赚取价值、获得服务的特点
杠标功能	通证也可以被用作杠杆加入其中以丰富用户体验,如类似加入网络或与其他用户连接这样的基本用户行为以增加用户体验
货币功能	通证是一种非常高效的支付方式和交易引擎选择。它没有了传统金融结算方案中的中介环节,公司可以自己处理结算业务
收益功能	借助基于区块链的模式,可以实现增值的再分配,这只是作用之一。无论是分享利润、分享利益或者其他收益(如通胀),或者与所有利益相关者分享上涨红利,都是可以预期的

5. 通证经济的影响

通证经济,是区块链领域很重要的一个概念。很多企业负责人非常看好通证经济,他们认为区块链贡献给社会最重要的东西就是通证经济,认为通证经济将为人们提供一种强协作模式,对系统内每一个人的贡献加以精确量化,从而激发每一个参与者的热情,极大地提升他们的工作效率。同时,他们认为通证经济最终将颠覆现有的公司制度。

拥有了一种基于经济激励的新手段,就是基于价值互联网的可信任的价值、共识载体——通证,它可以进行全网范围的、大规模的人类强协作,这是以前的人类社会没有经历和见识过的东西。如果以通证为基础建立一种新模式,就意味着现在大家所熟悉的、已经流行了400多年的公司体制面临转型,甚至被颠覆。

公司制度是人类经济发展史上伟大的创新,其基本特征在于:作为公司的股东仅按其出资额对公司承担有限责任,以及公司所有权与管理权的分离。通过股权、股东大会、董事会等结构化的设置,有效分离了所有权与管理权。区块链圈内有种说法：很多人拿出的区块链方案，其实只是为了挽救自己融资失败的上一个商业计划而已。此说法虽显尖刻，但反映了部分现实问题。区块链技术并不是孤立存在的，它可以直接嵌入现有业务，并立即收获显著的成果。

如果通证经济的合作效率高于公司形式的合作效率，并且组织内部管理成本小于外部市场交易成本的话，通证经济则会对公司制度产生一定的影响甚至变革。当然，公司制度不仅关乎效率与成本，还有激励机制。从激励层面来讲，现在的激励大部分是"工资+奖金"的形式，工资以人民币发放，奖金一般也以人民币发放，不过也有股权、期权、实物奖励等形式。未来通证化之后，工资和奖金都可以"通证""数字货币"形式发放，如果有合理的算法并通过智能合约控制，这种支付方式是完全可以实现的。比如说币安早就接受以 BNB 发放工资，巴比特文章的奖励也是以 BTM 形式发放的，而像币乎这种内容平台则以 KEY 的形式量化文章收益。虽然这些平台采用通证来支付工资和奖金，但是其管理仍然是公司的形式，仍然是中心化的管理。经济激励本身，当然是较强的一种协作关系，这里指的强协作应该是大家心往一处想、劲往一处使，集思广益，贡献自己的力量去完成某一个任务，这时通证起到的是论功行赏的量化激励作用。

通证真正能做到的是精细的量化作用，它能够把激励的作用放到最大。但是单纯的激励作用并不足以使人们产生强协作，过大的激励反而会引起通证经济体系内的摩擦。这当然可以通过算法优化加以缓解，但无法根除，需要组织上的协调。在这种情况下，通证经济是离不开中心化管理的，通证经济暂时也无法完全替代公司中心化的组织形式。

通证也分为大通证和小通证，通证金融属于大通证范畴，将融资、权益、流通、功能、激励等多重功能集于一身。而作为激励机制的小通证则无融资功能，只是将通证当作一种激励、协作和记账工具，与实体经济相结合，促进实体经济发展。在国内，小通证不但继续发展，而且在一些方面取得了更好的发展态势。

历史上，新事物出现之后，虽然各方面都有先进的一面，但旧事物依然会有一席之地，并且新旧事物会彼此依存很久。通证经济的出现也是如此，虽然它有许多优势，使得通证迅速流行起来，但原有的公司制也会同时长期存在，并在这个过程中得到发展和改进。从目前通证经济落地的情况来看，内容行业是最适合的领域之一，比如新闻媒体、写作等。因为这些行业不需要高度细分的专业化分工，完全可以以个人作为基本生产单位，通过通证化广泛地把个人聚集在一起。除了新闻、写作，还有游戏、直播、编程等脑力劳动密集型工作都能够以个人为基本生产单位，都分布式办公，都能够以社区的形式存在，都非常适合通证化。简单来说，脑力工作更容易通证化，体力工作更适合公司制；一个人就能完成的工作更容易通证化，需要多人合作的工作更适合公司制；纯线上的工作更容易通证化，涉及线下环节的工作更适合公司制；专业分工极细的工作更适合通证化，复杂度非常高的工作更适合公司制。物与物之间的连接、交易更容易被通证化，机器人与机器人之间的连接、交易更容易被通证化。

六、通证经济改造

1. 通证经济改造的对象

通证经济改造虽然不完全等同于币改和链改，但币改的大旗一出，通证经济也随之备受瞩目。所以，我们重点讲一下币改到底是什么。

币改，是指以区块链技术为依托，将公司和其他经济主体所拥有和形成的多元资产形态（如股权、物权、有价证券以及商品、服务等），改造为统一的通证（Token）形式，组织形态变更为社群组织形式，以社群自治方式维护其生产经营和其他经济活动。简言之，就是对经济组织、商品及服务等经济活动进行通证化改造的过程。

更通俗地说，币改就是在传统中心化的商业世界，例如互联网公司从其中心化应用（App），逐步转变为去中心化机构和分布式应用（DApp）的这一转变过程。

通证经济改造的目标是把这些经济实体和活动转变为通证形式，并以社群方式进行管理和维护。概言之，就是对经济组织等经济活动的通证化改造。

开公司办企业的人都面临一个共同的挑战，就是人才的管理，员工越来越不好管，员工的积极性很难被调动和激发。

基于区块链的币改为企业提供了一种新的权益分配方式，从而改变了传统的生产关系。通过币改，企业可以将代表收益权的股权转化为通证，让所有有能力的员工、有资源的投资者以及有兴趣参与的朋友，都以持币的方式成为公司股东。这样所有员工都是股东，大家拼尽全力为公司服务，自然会创造无限可能！而实践中的币改也应该遵循这样的规律，初期由强有力的创世团队设计技术架构、激励机制，并努力推广，随着社区的慢慢成熟创始团队再逐渐退出。

通证经济改造有三个关键点，分别是建立共识群体、社区活跃度和核心资源权益。

建立共识群体就是要在改造之前评估形成共识群体的可能性，或参与其他群体的兼容性。共识是机制区块链的核心之一，所以要跳出原有的狭义领域，从项目共识升级为生态共识。随着基础型公链的发展日渐成熟，基于此的生态也越来越丰富。在这样的生态系统中，各个垂直行业、技术扩展层以及应用类项目，如果均以相同的共识为根基来构建自己的通证体系，那么这些通证经济个体将成为"经济群体"，获得更强大的竞争力。

关联社区活力不仅要考虑项目的竞争力，还要关心该项目的反脆弱性，区块链项目中的社区活力包括活跃度、价值观的吸引力和内容的输出互动质量。参与者通过有偿或自发地推广宣传、建设与维护、参与内容互动等一系列行为提升社区活力，进而促进更多的通证流动，提高项目竞争力。同时，意识形态的统一还能有效应对发展过程中的分歧。通证经济体系需要识别各类角色的贡献度以及设立对应的奖惩制度，以建立起一个共识明确、认同度高、积极参与且具有强烈归属感的社区。

关联核心资源权益，既是通证经济的实际价值，也是激发和激励该生态系统良性循环的原生动力。同时，通证经济体系设计必须考虑核心资源的未来发展，包括其潜在的增长极限以及如何防止通证价值与实际价值的过度脱离。

币改，允许传统企业将股权通证化，使得所有有能力的员工、有资源的投资者及相关机构，都能够以持币的方式成为公司股东。即人人都是股东。一个所有参与者都用尽心力去做的事或者公司，将会呈现一个怎样的结果？这才是币改的初衷。

通证经济不仅仅是"去中间商"，它将颠覆传统股份制商业合作模式，重新建构权利与利益的分配方式。每个参与者都是股东或者社区成员，他们可以获得多重经济激励。随着通证经济的发展，这种经济模型或许将成为新的趋势。

2. 通证经济改造的价值

前文已述，通证经济改造最终实现的是生产关系的变革。事实上，通证经济改造的价值就在于此。机器智能是生产力，区块链是生产关系。即区块链的本质是一套技术体系，核心价值是解决信任问题，属于生产力范畴；而通证是重构利益分配，属于生产关系的范畴。

当通证经济为某个协作组织设定经济激励的制度时，那就要解决谁来生产，谁来消费，生产什么，如何分配这些经济学里的基本问题。从某种意义上说，这也是一种编程，只不过不是对计算机进行编程，而是对一个组织进行编程。

通证经济改造的价值首先是降低了营销成本，扩大了用户群，建立了一个活跃的社群。当有了一个强壮的业务和庞大的社群时，社群内部进行直接的交易就变得可行，这进一步引出社群经济开放金融的可能性。开放金融的实现，本质上就是在社群共识的基础之上建立一种内部的铸币权，一旦达到这个水平，社群就可以不用考虑太多的获取外界利润的问题。比如，一个由爱狗人士组成的"汪星人社区"，他们里面的人对于收养流浪狗的意义就会有很高的评价。而另一个专注于养生的社区，他们就会觉得收养流浪狗没有意义。

区块链的伟大之处就在于，它允许社区通过自己的通证先行体现其价值观。一旦这些通证进入二级市场和其他的通证交换，形成交换价格，这个价值观也就得到了外界的承认。这意味着社会可以有更多元、更健康的价值观系统，还意味着个人不需要为了赚钱而放弃自己的兴趣爱好和特长。只要你在任何一个领域里做得出色，都可以获得相应财富的认可。这样一来，每个人都可以在自己最擅长的领域作出贡献。

通证经济改造生产关系的价值还体现在对生产资料所有制形式的改变。生产资料的所有制形式是生产关系最基本的方面，是生产关系的基础，影响着生产的各方面，包括生产、分配、交换等各个环节。

在通证经济中，生产关系的变革体现在生产资料所有权的通证化，这使得通证可以承载许多属性，如物权属性、货币属性、股权属性等。根据通证使用功能分类，实用型通证和证券型通证是区块链领域中两种主要的代币类型。实用型通证是主要用于访问特定区块链平台或服务的功能性代币，用于支付网络费用、解锁平台功能、激励生态参与者，如 BAT 代币奖励内容创作者和用户，通常不涉及投资。证券型通证是代表某种金融权益的代币，被视为受监管的证券，类似于股票、债券或收益权。它常用于资产代币化，如房地产、公司股权分割交易、分红或利润分配、融资工具等。

实用型通证向更复杂的生态系统内循环经济演进，如 DeFi 中的治理代币。证券类通证随着合规框架的完善，可能成为传统金融资产上链的主流方式，如股票、债券代币化。

从上述分类来看，支付型通证和证券型通证，属于对货币的通证化，而这部分可以在交换和消费的环节实现难以做到的约定（分配关系），借助合约得以实现。在这个层面上，区块链改变着生产关系。

在工业时代，分配原则以资本投入为核心；在互联网时代，分配原则以流量为核心；在数据技术（Data Technology）时代，知识资本的重要性相对下降，生产关系已经进入生产全要素分配的阶段。

通证能对各项生产要素创造的价值进行确权、量化，从而使人类进入一个大规模协作的全新时代。例如，在区块链内容平台，用户使用手机或电脑，通过发表文章、评论，进行互动、传播等行为，为生态创造价值。这些有价值的行为，通过算法来确定权益分配，即Token的分配。

Token的激励和价值，为社区高效运转起到保障作用，从而激发社区创造优质内容，并对外传播，慢慢建立社区共识，扩大社区价值，吸引更多人参与。

用户持有Token可享受平台成长带来的Token增值。在这个过程中，平台用户既是生产者又是消费者，既是所有者又是使用者。

在现代公司，一个企业的利润老板要拿80%，其余所有人加在一起能拿20%就算好的。很多公司都在讲股权激励，但很多时候它只是一个遥不可及的愿景。当然也有例外，比如华为，任正非只占了极小比例的股权，而绝大多数股份归员工所有。华为的战斗力源于此，创造力源于此，凝聚力源于此。而在其他IT企业，从业人员之所以称自己为"码农"，就在于他们虽然掌握着先进的技术，但在实际的利润分配中，他们只能获得微薄的份额，这与他们创造的价值不成比例。类似的情况还有自嘲为"金融民工"的各类金融业从业人员等。而一旦区块链思维贯穿社会，并且提上日程，每个人的贡献和回报都公开透明，每个人拿多少将不再由少数人决定。这怎能不令人激动？

区块链及其衍生的通证经济，正深刻地改变着生产关系，它是生产力发展到一定阶段的表现。通证经济重新定义了生产者和消费者，或者说服务提供者和用户之间的关系，它把二者从利益上的对立关系，变为统一关系。

通证经济通过发行 Token，把老板和职工的利益绑在一起，也就是只有 Token 的价格最终涨上去了老板和员工才能一起受益。这就好比职工持股模式，普通职工就是股东，大家都为自己的利益而努力工作，大家的利益紧紧地绑在了一起。

通证经济改变的不是生产力，而是生产关系。它不是单纯的技术或者融资的币，而是一种融合所有的资源和价值共享的新型的组织形式和运营方式。

3. 通证经济改造的流程

通证经济改造，是指利用区块链技术对传统企业进行经济化改造。它是从生产关系、经济体系等方面去施行，从而利用区块链技术服务提高产业应用效率，降低经济成本。通证经济改造流程是使传统企业或资产通过区块链技术实现通证化的过程，其核心在于通过通证设计实现价值流转、激励协同和生态共建。具体改造流程如下：

（1）需求评估与可行性分析

明确企业或资产在传统模式中的痛点（如融资难、信任成本高、流动性不足等），并评估区块链技术是否能通过降本增效、扩展业务范围或解决新需求而创造价值。根据业务场景选择是否引入通证。例如，供应链金融、保险、版权管理等需要多方协作且依赖信任的领域就适合通证化改造。

（2）通证系统设计

包括"证"所属的权益设计、"值"的分配对应的激励设计、"通"的路径代表的流通设计。权益设计有物权属性代表使用权或所有权，如产品服务通证；有货币属性作为生态内流通媒介，如支付类通证；有股权属性赋予长期收益权或治理权，如资产类通证。激励设计有角色划分明确生产者、消费者、投资者等参与方的贡献类型；激励机制通过通证奖励促进正向行为，如流动性挖矿、质押分红。流通设计有生态内流通建立通证使用场景，如支付、兑换服务，增强用户黏性；生态外流通，有通过交易所或联盟链实现跨平台交易，提升流动性。

（3）合规落地与技术实施

选择底层区块链（公链或联盟链）并开发智能合约，确保通证发行与流转的自动化。确保通证符合法律框架，如证券型通证需满足金融监管要求，并通过链上数据透明化降低审计成本。

（4）通证经济改造的流程涵盖了不同的模式

①积分模式

这种模式比较特殊，因为积分与虚拟货币大同小异，所以很多区块链都是在做积分。通证经济下的积分模式，是基于实现差异化服务的。

②资产模式

其实就是一种上链的数字资产，包括实物资产和加密资产的上链数字化。

③数据模式

通过数据通证将个人数据货币化，将数据控制权和收益权还给个人。数据模式的通证经济适合接触和管理海量用户数据的企业，或者海量用户入口的流量平台。

④内容模式

该模式的通证可围绕内容创作、知识版权、艺术版权实现分布式账本和货币化，实现内容真伪、版权追溯，实现以创作人、评论人、收藏人等为主体的产业共识价值。

⑤服务模式

这是一种分布式的服务合约，通过对服务合约的数字化以及支付结算的代币化，实现自带激励机制、代币增值的分散式共享经济生态。适合按需、按次呼叫的服务，如外卖、家政、地产中介、售后上门等。

⑥粉丝模式

将娱乐圈中的偶像或"网红""大V"打造成娱乐链的通证，进一步延伸至商品、打赏、服务、票务等场景，形成一个分布式娱乐价值协议。这种模式适合娱乐产业公司。

⑦储存模式

利用闲置的宽带和储存空间，实现宽带共享和分布式存储，以供有需要的人或机构使用，从而获得对方给出的通证，实现与存储、宽带相结合的共享经济应用场景模式。目前，行业内公认做得最好的就是 IPFS。

4. 通证经济改造的案例

QOS 是乾元社区的底层操作系统，旨在成为全球覆盖人口最多的区块链应用社区，实现广泛的社会价值和经济价值。该项目从创始人的背景和顾问团队的背景及项目设计的场景与奥马电器集团的业务高度重合这几点来看，该项目大概率是奥马电器的币改项目。

该 QOS 的一大亮点是有很多落地场景可以去实践，这与其他很多公链不同，后者往往需要自己去寻找应用场景，再一步步去实践。QOS 应用主要包括场景生态和金融服务。场景生态作为主要的获客渠道，由钱包生活、停车钱包、钱包管家、卡惠等部分组成。其白皮书称，钱包生活触及的 C 端用户可达 5000 万规模，停车钱包服务约 1000 万车主。

QOS 建立了双层代币模型，分别为 QOS 公链代币和 QSC 协议代币。QOS 公链代币是价值交换媒介和交易手续费的支付工具。QSC 协议是基于智能合约的代币发行与运营协议。各场景运营商可以根据自身体系的需求自主发行 QSC 协议代币，持有者为各自场景的权益最终所有人，享有场景内的收益分享权利。与双层代币模型相对应，QOS 公链建立双层挖矿机制，底层公链由 21 个超级节点竞争挖矿，而在各个场景主张"价值交换即挖矿"。具体而言，可分为"交易即挖矿""借贷即挖矿"等不同模式。

由以上内容可以了解到，QOS 作为公链代币，相当于所有应用场景的母币，所有应用场景独立出来需要发币，都需要该公链母币作为基础货币，其地位等同于以太坊相较于 ERC-20 标准的其他代币。

在 QOS 的应用场景中，项目强调价值交换即挖矿。在交易场景中，需要支付 QOS 作为支付费。该支付费的 80% 分配给 QSC1 代币持有者，20% 用于 QSC1 代币社区的开发及运营工作。每个应用场景都有一个单独的代币，比如 QSC1、QSC2 等。

从该项目白皮书的内容来看，这套设计与以太坊的设计大同小异。只不过以太坊的 GAS 费用是完全归给矿工，给打包记账的贡献者。而在 QOS 体系中，交易 GAS 的 80% 发给 QOS 持有者，相当于 DPoS 机制；20% 发给交易实施者，相当于给交易者执行人 20% 的折扣。

下面从以下三个方面评估该项目：

（1）场景应用丰富性：中性，项目主要是奥马电器原先的转型项目，包括停车、支付等应用。

（2）通证使用必要性：中性，较为勉强，更多结合区块链的高级通证应用有待开发。目前看到的只是积分领域的应用，且尚无商业模式方面的创新。

（3）通证闭环设计：略显生硬，在实际使用场景中，QSC 的设计并无必要，完全可以使用硬通货来代替。

七、通证经济具体改造实施

1. 通证经济改造的基本要素

无论是什么样的企业，想要进行通证经济改造，就必须具备一定的要素，并确保这些做法符合当地法律法规。例如，要先验证使用的区块链技术是真实可靠的，如果是伪链就没有通证改造的基础。在进行改造之前要进行合规性审查。试想一下，中国有中国的法律，美国有美国的法律，在任何一个地方进行通证化，必须熟悉当地相关法律。那么，具体有哪些基本要素是必须注意和把握的呢？

（1）了解通证可以适用的行业

不是所有的行业都可以引入通证经济模型的，尤其在那些高度发展、市场集中度非常高的行业，通证经济模型就不太合适。通证经济模型最适合应用的是服务行业，因为这个行业中的服务机构通常比较分散，而且往往需要合作来共同服务特定的客户群体。

（2）通证经济匹配的组织形式

通证经济模型与联盟制或会员制的组织比较匹配，确保各参与的机构节点按照其实际贡献的大小获得相应的收益。一个近似的应用就是IBM的WorldWire，参与这个项目的各国金融机构根据其产生的业务量获得相应的收益。Stellar的技术底层保证交易公平地完成。

（3）通证设计

通证设计正从复杂的多代币模型向简化的单一代币模型转变，尤其是证券类型的代币。这样的设计既符合当前的证券制度，也更加容易操作。代表型的代币设计是EOS，它包含一份投票权、一份分红权和一份所有权。在一个项目中采用单一的通证类型，应避免采用实用型通证和支付型通证。

（4）通证总量的把控

在总量上既不能设计一个巨大的通证总量，也不能参照现有的证券方式设计通证总量。通证总量的设计应该基于科学方法和经验。因为通证的持有者是经营团队、投资者和用户，而不是传统融资情况下的经营团队和投资者，通证持有者的数量要远远大于现有的证券的持有者数量。因此，通证总量应根据潜在用户数量、使用频率、支付费用、激励机制等因素来计算。通证总量远远大于相应的证券发行的总量。

（5）实施通证改造的经营年限

企业至少要经营两年才能实施通证经济改造，因为两年时间是市场对其产品或服务的考验期。在第三年开始实施通证经济，就会大幅加快这个产品被市场接受的速度。在公司设立之初，由于时间短，商业模式不能得到适当的检验，因此公司经营产生的收益通常既少又不稳定。这就无法说服用户争取持有这些通证，通证经济模型因此也达不到激励用户的目的。这个要求比现有的在股票市场进行IPO的要求低许多，因此有利于创业公司及早地开始应用通证经济模型，在市场中加速推广其产品。

（6）考虑发行对象

通证的发行方需要考虑如何在不同类型的用户之间进行通证的合理分配。这种分配机制应基于用户各自的贡献和作用来决定。

（7）合理使用分配机制

通证经济适用的分配机制一般是在融资阶段，项目越是早期，分配给用户的比例应该越高，这样做可以起到激励作用，从而带动用户更多地参与并协作。如果在美国市场采用通证经济模型，项目方能开始这么做的时间至少是在经营两年之后。项目方可以参照IPO对公司上市流通的股权比例，设计分配给用户的比例。

（8）释放机制

需要设计一个合理的机制以便能够公平且持久地激励用户。这样的机制应确保早期参与者有更大概率获得通证，因此未来基于通证的收益自然也会更高。释放机制切忌过早地将通证释放完毕。如果潜在客户群体中的一小部分因为得知信息早，因而获得了所有的通证，那么这个通证经济模型就失去了其激励所有目标客户群体的意义。

（9）利用较短的分红周期

采用更短的周期分配收益是通证经济模型中最有力的武器之一。当用户被更频繁地激励时，他们参与购买产品的积极性也就越高。

在收益的分配周期方面，关键在于找到与业务性质和现有支付方式相匹配的周期。例如，美国很多公司采用双周发薪制度，那么经营方也可以双周为周期进行收益的分配。但分配周期越短，经营方为此付出的各种经营成本就越高，出错的概率也就越大，所以经营方必须对此做出正确的权衡。

如果能够做到以上9个基本要素，那么就具备了通证改造的基础。

2. 通证改造的法律构架

目前在全球范围内，一些监管辖区对于通证类型的定义非常明确。例如，美国将通证分为证券型通证和工具型通证两种。如果一个通证被认定为证券型通证，那么它一定需要按照美国的证券法规来运行。在新加坡，通证被分为支付型通证、证券型通证和工具型通证三种。如果一个通证被认定为证券型通证，那么它同样需要按照证券的方式来运作，否则就是违规的。

一般适用于通证改造的合规模型法律框架分为境外法律构架与境内法律构架，如图2-4所示。

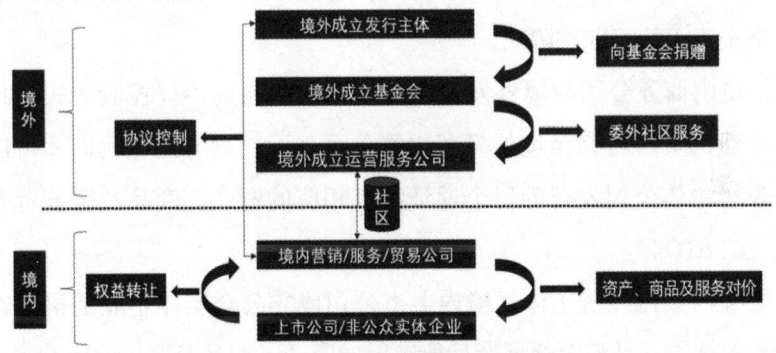

图2-4　境内企业通证经济改造合规模型

（1）境外法律架构

①境外注册成立发行主体公司。境内企业实际控制人或股东委托可以掌控第三方在境外法律允许STO的国家注册成立通证发行主体，主要目的是有效地将境内企业及实际控制人与境外STO发行主体在法律上做好隔离。关于STO发行主体公司的注册地，可以选择开曼群岛、维京群岛等免税地区。

②境外注册成立基金会。成立基金会主要是为了接受境外通证发行主体

STO募集的资金，而接受项目方捐赠的部分募集资金必须用于与通证发行主体相关的生态建设。设立第三方基金会的目的还有以下三个方面：

a. 从法律及资金流上进行二次隔离。

b. 从税收角度上讲，捐赠可以有效避税。

c. 境外注册成立运营服务公司。基金会是公益组织，不直接从事商业行为。所以，基金会接受通证发行主体捐赠的资金通过委托外包方式委托第三方商业服务公司开展与项目相关的生态建设。同时，建立法律及资金流上的第三层法律隔离。

（2）境内法律架构

①境内注册成立商务公司。境内注册商务公司的主要用途：

a. 通过社区建立境内境外用户通道，与境外服务公司建立委托外包服务关系。

b. 通过权益转让等法律合规措施，将境内实体企业的资产、商品及服务等权益转化至商务服务公司，完成实体企业资产价值收益转移，建立法律及资金流上的第四层隔离。

c. 境内商务公司与境外发行主体公司之间通过协议控股方式，将境内实体企业的资产转移至境外发行主体公司名下，只有这样我们才可以做到境外发行主体公司发行的每个通证都有相应的资产、商品及服务背书，才是真正的STO。

②境内实体经济主体。境内上市公司或非公众实体企业是整个通证经济改造的核心，是整个通证背后所映射的资产、商品及服务的所有者。

在通证经济中，资金流及经济价值的分配机制是至关重要的。下面是一个合规的资金流模型。

我们先剖析它的资金流：境外发行主体公司将部分STO募集市场资金捐赠给基金会，基金会通过委托外包的方式将资金划转至境外商务服务公司，境外商务服务公司委托境内商务公司进行具体的业务操作并支付服务费用（考虑到国家外汇管理因素，境内外商务公司之间结算可利用数字资产），境内商务公司收到资金或将接收到的数字资产通过数字资产交易所 OTC 市场转化为法定货币，以支付境内实体企业的相关资产、商品及服务对价。

综上所述，我们发现通证经济改造，有利于将境内实体企业沉没资产通过 STO 方式打通全球资本市场融资渠道，引进国际资本发展实体经济。境内实体企业有了资金注入就能扩大生产规模、增加研发投入、进行产业结构调整，从而实现更好的现金流和更好的财务经营数据。这样一来，非公众企业完全可以申请境内或境外上市，完成 IPO。这也是笔者所独创的"IPCO 模式"，即股币双权模式。通过这种模式真正实现区块链技术赋能实体经济，解决全球中小企业"融资难"的问题。

3. 通证经济改造的体系架构

通证经济体系一般分为三类：支付货币类、通用平台类和行业应用类。支付货币类容易理解，通用平台类主要是以推动区块链底层技术应用为目的的标准化和通用化的公共开发平台，如分布式开发平台（DApp）和智能合约等。行业应用类主要是为了服务特定行业。按照通证本质的不同，它们可以分为三类：价值型、权利型、收益型。价值型的主要用途是在某个经济体系内兑换发行方所提供的产品或服务。权利型是持有人拥有特定的权利。这种权利可能不是用于直接采购某个商品，但是可以在采购商品时打折，或者作为抵押获取发行方授予的某种资格，如成为加盟商或者拥有销售渠道。收益型是发行方把收益按照某种规则分配给通证持有人。一般而言，通证发行方所代表的商业体是有收益来源的，因此购买并持有通证，就会变成这个商业体的股东。

从通证经济体系建设来看，支付货币类和通用平台类通证通常是不存在社区治理机制的，但目前越来越多的通证经济体系认识到社区治理的重要性。社区治理机制对于推动通证经济可持续发展具有重要的作用，特别是对于应用类通证来说，社区建设对于项目的落地与发展极为关键。一般认为，通证经济体系的构建具有三个要素：链、通证、社群，这三大要素支撑起运用通证的行业应用生态圈。

所以，通证经济改造的体系架构也需要三个要素：一是以社群为基础的股东参与；二是解决去哪里交易的平台问题；三是与通证激励相关的行为。

（1）以社群为基础的股东参与

未来，通证经济的展开必然建立在对一个个传统体系架构的企业或组织的改造之上。通过通证经济改造，将传统的企业或组织改造成以通证为纽带，链接各节点的社区自治化组织（DAO），结束存续400多年的公司制，彻底改变人类的生产关系。在通证经济中，凡是持有项目通证的人都是股东。所以，通证经济体系中所谓的节点，即社区成员构成单位。我们可以理解为，节点即社群，节点即用户，节点即股东。

节点是通证经济改造过程中最重要的参与者，节点是社群的组成单位，而社群对整个通证经济改造起着至关重要的作用。无论是互联网时代，还是区块链时代，"用户为主，流量为王"是亘古不变的商业核心规则。所以节点建设即社群建设，社群建设的好坏直接影响通证经济改造效果的好坏。

节点的功能系在整个通证经济体系中负责信息验证、投票决策、参与系统的公式运算及数据存储等任务。

（2）解决去哪里交易的平台问题

有了通证，下一步要解决的就是交易的问题。就像股票需要交易所，通证同样需要一个交易平台。交易平台是整个通证生态流量的出口，因为无论你持有哪种通证都需要在公开市场上形成交易价格，即公允价值。有了公允价值才能实现通证与通证之间的流通与交易，才能形成一个公开、透明的通证经济流通体系。

在ICO时代，人们津津乐道的是币安、火币网、比特币世界等平台，而现在，专属于STO的交易生态已经在全球范围内初步形成。

①Coinbase。Coinbase是美国著名代币交易平台，最近它取得了以下几项重大成功：一是取得了券商资质，从而可以在Coinbase平台发行并交易

证券型通证；二是取得了另类交易系统（ATS）资质；三是取得了美国证监会注册投资顾问资质；四是取得了美国金融业监管局（FINRA）对 Coinbase 证券型通证发展计划的批准书。这铺就了 Coinbase 的 STO 交易之路。为了铺路，它斥巨资收购了三家有资质的公司。

② AUDX。AUDX 是澳大利亚 DCG 数字资本集团打造的全球首批去中心化 STO 数字资产交易所。其关注区块链金融，以实物资产做背书，进行资产组合，分散投资风险，能够较好地保障用户收益。

此外，AUDX 去中心化交易所具有安全快捷的跨链功能。该平台拥有比特币、以太坊、EOS、波场、BSC 等跨链技术，并开发了独特的 X 公链技术，方便用户使用。此外，平台还拥有 Web 3.0 NFT 交易平台，它是未来平行世界元宇宙中 NFT 的实现载体。在用户资产管理方面，AUDX 具有持币生息功能，打造区块链中的"余额宝"。

AUDX 采用华尔街先进的投资策略，将人工智能、大数据、区块链技术与金融工具结合在一起，不仅保障了投资者的资产增值，还帮助传统企业完成了通证经济改造，彻底改变了传统的金融投资生态。

③ Polymath。Polymath 是一个融合证券型通证的发起和发行的平台，该平台在设计之初就嵌入金融监管要求，因此可以在区块链上无缝打造金融产品。证券型通证发起公司或团队可以通过 Polymath 平台处理所有相关流程，包括交易证券型通证、认证投资者、与法律顾问合作以及连接开发者市场。该平台使用 ERC-20 原生通证，作为连接客户认证、法律服务和开发者服务的标的商品计价单位。

④ Harbor。Harbor 是一个可以让传统投资机构无缝接入区块链的开源平台，基于其标准化流程，可以保障标的企业将传统投资资产在合规条件下按部就班地转移至区块链。通过私募 ICO 方式，Harbor 可提供符合美国证券交易委员会 D 条例的私募销售，并融合新的通证 R-Token 许可技术。Harbor 的标准化流程包括美国证券交易委员会 KYC/AML（了解你的客户/反洗钱）合规服务、纳税原则、信息披露，以及通过该系统生成的每一种

通证的评估状态等。

⑤ Securitize。Securitize 是从风投机构 SPiCE VC 分拆出的新公司，与多家公司达成了通证发行承诺，总价值超过 5 亿美元，合作方包括 CryptoOracle、Kairos.com、Lottery.com 和 22XFund Securitize，可以为客户提供多项服务，包括为证券型通证发行企业及其法律团队提供司法和监管合规准备，美国证券交易委员会 KYC/AML（了解你的客户/反洗钱）合规服务，定制智能合约，并保障相关证券型通证存续期间的所有数据安全。它可以提供监管合规的云服务解决方案，让基金、公司或其他经济实体成功实现通证化。

⑥ SwarmFund。SwarmFund 成立于 2018 年 1 月，利用 SRC-20 协议对现实世界资产进行通证化，使其变成可以在 Swarm 区块链上被管理、治理和交易的"资产"。同时，它也为外部投资者提供了投资证券化资产的机会，个人投资者可以用 SWM（SwarmFund 的原生代币）、比特币和 ETH 投资现实世界资产。具体流程是：投资者拿到 SRC-20 代币，即获取所有权和治理权，这些权益使他们可以合法分享相关资产所产生的收益，并在监管合规的框架下合法交易这些代币。在未来，该平台还计划对接法币，标的资产主要包括房地产、可再生能源企业、科技公司、加密货币投资基金、影响力投资开发项目及灾后重建、基础设施等。

⑦ Templum。Templum 是一家为证券型通证发行和二级市场交易提供合规解决方案的机构，原名 Liquid M Capital，被 Templum 以 130 万美元收购后才改名，是有合规资质的替代性交易系统 ATS 暨券商经纪机构。Templum 平台既可以进行证券型通证发行，也可以由发行方与投资者进行二级市场投资。与很多平台一样，Templum 内置了 KYC/AML 合规服务，以保障该平台合规。

⑧ Securrency。Securrency 成立于 2015 年，是一个可扩容、受保护的平台。之前为不具备流动性的资产做实，现在可提供的服务包括：帮助通证化发行企业实现监管合规，实现通证化证券的交易或转移，提供 KYC/AML

监管合规、信息披露、投资者资质认证和税务缴纳等服务，提供区块链智能合约开发服务，提供支付、交易、资产定价和其他交易行为等标准界面。

⑨ tZERO。tZERO 是美国最大的网上零售商之一 Overstock.com 的旗下机构，专注于利用各种区块链技术为资本市场提供解决方案，该公司产品涵盖证券经纪服务、入货及存储管理系统，以及涵盖逾 100 家经纪机构、24 小时不间断的交易平台的智能合约路由解决方案和其他相关服务。该公司处理传统证券业务，同时向加密货币交易系统迈进。tZERO 发行了自己的通证，并计划将调整后的总收入的 10%，每季度向其通证 tZERO 的持有者分红。

⑩ OpenFinance Network。OpenFinance Network 是一家专门服务替代性资产二级市场的开源平台，成立于 2014 年，渐次推出了交易、清算和结算服务。近期该团队重点转向区块链解决方案，已经研发出一套证券化通证在区块链网络发行和交易的合规标准。同时，支持那些经批准通过的合规的证券型通证发行企业通过发行证券型通证筹集资金。该平台具有明显的行业优势。

⑪ Orderbook。Orderbook 是一个去中心化交易所，其通过特定的代币 RAP 自动完成投资者认证过程，通过交叉验证当地的法律法规与 RAP 持币者个人信息数据库的契合度，保障 ICO、STO 发起及交易的合规。

⑫ Bancor。Bancor 是一个提供流动性的平台，它将多种通证与一个资金池挂钩，能实现价格发现，即使在交易量极低时也能确保流动性。对接到证券领域时，这种模式可在提高流动性的同时，提高证券资产转移到区块链网络的收益。

由于 STO 属于新事物，未来相关平台肯定会越来越多。但在当前，全世界仅十余家，整个交易市场并不成熟，特别是流动性方面，还有待提高。在选择发行平台时，相关企业一定要就技术安全性、发行成本、第三方服务、过往经历、用户体验等方面认真调研，选择最适合自己的平台。

平台的功能系在整个通证经济体系中提供流动性、智能合约结算、交易及数据存储等功能。

（3）与通证激励相关的行为

通证经济改造的目的是吸引用户的参与，激励他们为平台或项目创造更多的价值并形成协作。比如，项目发行主体设计一系列激励机制，以最大限度地吸引用户的参与，通过他们自己的参与行为获得相应通证奖励，如主动进行 KYC 认证、分享、拉新、注册、上传、审核等动作。

欧洲有个非常著名的矿泉水品牌，叫作依云。一瓶依云矿泉水售价是人民币 10 元，我们每购买一瓶依云至少贡献 2 元利润给依云的股东。有人说这是他们应得的，但这种看法并不全面，因为水是大自然的资源，成本并不高。基于此，我们开发一个新的矿泉水品牌，知名度一开始当然赶不上依云，价格也卖 10 元的话消费者多半不会买账。但如果对这个项目进行通证模式改造，情况就大不相同了。

比如，新品牌可以推出一个策略，保证消费者每购买一瓶该品牌矿泉水，其付出的一部分（如 2 元）就会自动触发智能合约，转化为通证，代表这家公司的原始股。也就是说，消费者每购买一瓶水，就可以得到资产证券化的相应部分。如此，消费者就会产生共识：如果更多的人都来消费该品牌的矿泉水，其品牌价值就会迅速扩大，市值也会增长。如果市值扩大 100 倍，那么通证的相应价值也会增加 100 倍。

在这样的增值过程中，企业并没有失去什么，消费者分得的只是企业在成长壮大过程中的部分权益。当这种情景发生的时候，传统市场中的依云市值就会下跌，除非它及早进行相应或类似改造，否则消费者迟早会意识到，购买新品牌矿泉水是在给自己贡献利润，而购买依云仅仅是高消费。

行为的功能系是整个通证经济体系的催化剂，实现价值传输及分享。这真正说明互联网实现了信息的传递，而区块链实现了价值的传递。

4. 通证经济改造的应用模型

通证经济是一套生态，在这套生态里，包含技术实现、流通运转、激励机制、共识机制、分配机制等。因为透明性、共识性、算法机制等，通证经济颇具"威力"。

在这套系统里，通证即一切的证明。而通证的价值又绝不只是通证，否则与空气币有何区别。通证体现该通证经济业态的本身价值。

第一，流通是通证经济的关键词。在社群里流通是通证经济改造应用的第一要素。

通证经济体一般不允许庄家存在，杜绝庄家的最好办法就是用技术构建相应的模型，如做成一个矩阵，其上面的所有点都是平等的。

通证经济采用了一种普遍化的期权激励机制，即生态的所有参与方和利益相关方都能共享未来的收益。这种模式具有巨大的想象空间，能够促使利益相关方基于共识相互扶持并紧密合作。这样的合作有助于吸引用户，完成冷启动时用户的积累。

也就是说，一开始通证并无价值，因为一个美好的愿景，大家走到一起，一起创造价值，并预期未来增值。

所以，正确的做法是在通证设计初期，就要形成可循环的价值闭环，从一开始就要确保每份通证对应相应的资产或价值，以实现自我稳定，并鼓励后续者维持这种稳定的流通状态。

第二，通证本是激励的产物。优秀的区块链项目通常离不开完善的、可执行的通证经济激励模型。比特币的英文名"Bitcion"中的"cion"虽然直译为"硬币"，但多数人依然喜欢用"money"来泛指"钱"。换句话说，从开始命名时就做了这样的暗示：它是一种记账符号，是一种权益凭证，是一种激励手段，不仅能激励为平台作贡献的人，还能吸引更多的潜在参与者。

通证，基于智能合约几乎可以做到即时激励。这种激励方式可以极大地激发参与者的热情，使参与者更具创造力，从而获得更多的激励，以此形成一种正向的循环。当然，不是所有的项目都适合即时激励，要视情况而定。比如，Fcoin的交易即"挖矿"的模式，即时返还FT代币，并允许用户隔天就能获得分红。一开始激励效果非常好，而且也引起行业的震动。

但一段时间之后就搞不下去了。激励既要及时,也要与产品价值创造的规律相匹配,不能一味追求即时性而忽略了价值创造本身需要一个时间过程。激励过强,用户行为动作变形,产品价值创造跟不上,可能会适得其反。

第三,通证的分配模型。分配与激励是通证的一体两面,参与者贡献大回报就多,这种分配本质上是一种激励。关键在于什么时候分配以及如何分配,这不仅应该有明确的规则,而且要通过智能合约自动执行。一旦满足预设条件,系统就自动触发分配机制。

比如,设定到6个月即分红,那么到第6个月的时候系统就会自动分红,无论发生任何事情。

又如,社区需要人写宣传文章,不管是谁来写,写的水平如何,只要达到一定的点击量,系统就自动为其分配相应的通证。至于是分配100个、200个还是300个,完全由智能合约与机器系统决定,绝对脱离人的操作与操控。

通证分配的核心就是让一群自由从业人员相互协作完成任务,然后获得有价值的通证,进而创建可持续自我完善和进化的生态经济体。

从数字货币的角度来看,数字货币是货币的一种,那么发行数字货币就可以参考法定货币发行的原则。

对于数字货币的零、一、二、三次分配的理解如下:

零次分配:通证的发行,即通证创造出来的机制,以及创造出来之后的分配原则。区块链下的通证生态经济体将此行为称为"挖矿"。当前有所谓的"交易挖矿""行为挖矿"等。

一次分配:即自由交易,在通证的使用和交换过程中,根据市场原则自由交易形成的分配格局。一般来说,这取决于市场对通证的供需关系,买入还是卖出,通过交易达成价格,形成了一次分配。

二次分配:即宏观调控,解决通证生态经济体中的治理机构以何种方式获取和管理多大规模的资产;按照一定原则,进行资产的分配和回购,以及治理机构的运作、争议的解决等。

三次分配:即自愿捐赠,个体按照一定的道德原则,进行捐赠、馈赠和打赏。

5. 通证的估值模型

通证是价值的载体，这是没有争议的，但一个通证经济体究竟价值几何？这就需要给它估个值。与实体经济一样，对一个通证经济体进行估值，要参考多种因素，比如通证属性、特征、种类等。

（1）进行建模分析的模型

通常，对通证价值的建模分析会采用几种不同的经济模型。

①费雪模型，适合货币型通证。

a. 公式。

$$MV=PQ$$

M表示货币供应量，V表示货币流通速度，P表示劳务平均价格，Q代表劳务总数。

b. 适用区域。适用于此类模型的通证主要有比特币、比特币现金、Zcash、Dash、Monero（门罗）、Decred 等。其中，以太坊、EOS、Dfinity 等公链的基础交易媒介代币，是生态内的基础货币，也有类似的估价模式。

c. 估值步骤。通常情况下，估值需要经过两个步骤：第一步，对通证适用的市场容量进行预测。如用比特币对标黄金，预测市场总容量约为8万亿美元。第二步，根据货币数量和流通速度，计算出货币价格。例如，比特币的总数量是2100万枚，目前美金的流转速度约为5.5/秒，每枚比特币的价格约为7万美元。

d. 误解与思考。

现实中，对上述模型，人们可能存在以下误解：

模型认为，比特币都已经发行完毕，都已经加入流通。其实，可能有300万—400万比特币永久丢失，可流通数量约为原数量的4/5，价格还可能提升25%。

比特币不可能完全代替黄金的作用，虚拟经济的体量可能数倍于目前的实体经济，市场总容量也不是 8 万亿。

流通速度没有数据，仅参考了美元，不完全准确。

从投资角度来说，投资者都希望价格能不断攀升，因此项目方可以从以下三个方面进行思考：

一是降低流通数量，如 BNB/HT，为了提升单个币的价格预期，可以采用回购、销毁流通代币等方式。

二是降低流通速度，如 steemit Power 转化为 steemit 时，可以分 13 个星期返回。

三是提升整体市场容量，如各公链可以培养 DApp 生态开发者社群。

②净现值模型（NPV），一种财务估值方法。

a. 公式。

$$NPV = \sum_{t=1}^{T} \frac{C_t}{(1+r)^t} - C_0$$

C_t 表示时期 T 的净现金流，C_o 表示总初始投入，r 代表折现率，t 代表时期，T 代表总的时期数。

b. 适用范围。

该公式适用于能够标准定价的服务，如 KYLE SAMANI 在 *New Models for Utility Tokens* 中提出的几个关键应用：Keep、Filecoin、Livepeer 和 Truebit。这类应用，根据服务提供者持有的代币数量占比，能够提供成正比的收益机会：持有的代币占比越多，获得下一份工作的可能性就越大，获得收益的可能性也就越大。在此类应用中，服务方提供的是一种类似于"带宽""计算能力"等标准化服务，定价透明，减少了投机行为，未来现金流完全可以预期。

基于抵押获得可预期收益的通证也适合此类，如付息型证券通证。如果服务非标准化、价格不透明，最好不要使用这种模式，可以使用 BME（即 Burn-and-Mint Equilibrium）模式。只不过，该模式目前还属于小众阶段，没有可通用的公式，并未普及。

③估值步骤。具体的估值步骤，就以发展火爆的火牛钻为例来说明：

曾经火钻的最低价格为 0.1 元 1 个，每天每个分红是 0.01 元。如果我们花 0.1 元买入 1 个火钻，一直持有，就会获得：

各周期的净现金流。每天 0.01 元，1 年共 365 天，就是 3.65 元。

折现率。如果按市场 5 年国债利率 5% 来计算风险利率，作为折现率。

计算 NPV。

按照永续年金的公式来计算净现值，即 $NPV = \dfrac{年收益}{折现率}$。

在这个例子中，年净现值为 3.65 元，折现率为 5%，那么 $NPV = 3.65 \div 0.05 = 73$ 元。

火牛自身的经济增长不能支持如此高的分红率。2018 年 9 月 24 日，火牛更改了火钻的分红规则：由"1 元/100 火钻"变为"1 元/100000 火钻"，净现值约为（0.0365÷0.05）= 0.73 元。

（2）其他估值模型

除了前面介绍的两种估值模型，还要了解以下四种估值方法：

①相对估值法。这种方法适用于传统项目代币化的应用型通证，适合大部分币改项目，公式为：

以法币计价的 Token 市值 = 同等法币计价的年净利润 ×PE（传统股票市场的市盈率，Price-Earnings Ratio）

②期权定价估值法。这种方法适用于所有应用型通证和底层公链，可以把通证的价值看作以项目未来价值为标的的资产，模型和公式都不简单。

③自由定价。这种方法适用于非标的场景，通证代表的价值没有既定参照物。

④J 曲线原理。该原理适用于多数通证。该理论认为，价格会经历以下过程：早期的高投机性、低效用性阶段—泡沫破裂期、价值探底期—长期的攀升阶段。美国缉毒局（DEA）特工 Lilita Infante 曾分享过一个数据：在比特币 40 亿美元的交易量中，涉及犯罪的有 10%，合法交易率为 90%。由此可见，比特币的效用性正在逐步扩大，逐渐趋向 J 曲线的长期攀升阶段。

6. 通证经济模型设计的方法、路径和步骤

设计通证时，一定要认真思考三个问题：流通的价值、为谁创造价值以及流通的边界（见图2-5）。

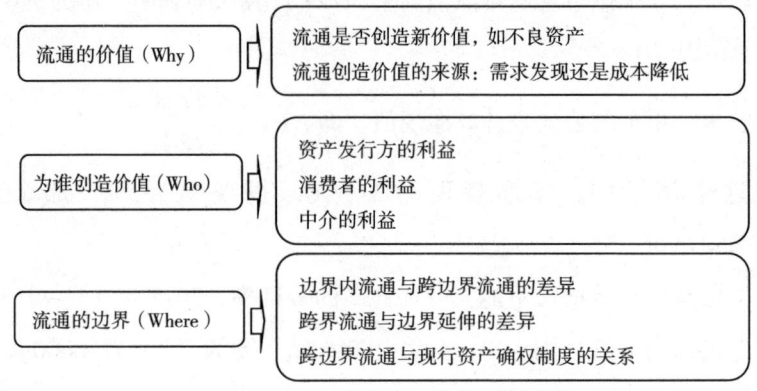

图2-5　设计通证要思考的三个问题

为什么要设计通证化？作为价值载体，通证如何通过流通产生更高的价值？价值来源是什么？比如，不良资产。其通证化的价值可能体现在，能在二级市场找到更多的买家，只要有利于市场主体在经济活动中发现需求或降低成本，就可以进行通证化。

通证为谁创造价值？通证的经济体系中包括资产发行方、消费者、中介等角色，但有时通证经济体系的设计并不能满足所有人的利益。举个例子，为了留住客户，航空公司一般都会设有消费积分。能否将积分放在区块链上，让用户实现积分互换？把积分放在区块链上实现更广泛的流通，最后积分就会流转到需要积分的人的手里，兑换积分时积分发行方需要支付更多的成本，因此不能这样做。做区块链积分，一定要兼顾所有人的利益！

流通的边界在哪里？采用区块链技术，就能让通证突破所有边界，但属性不同的通证之间，兑换模型存在不确定性，甚至无法形成兑换关系。流通边界的确定关系着通证经济体系的设计和实现。

所以，通证的设计要满足一定的条件，比如：

一是想让通证有更多通道来流通，就要设计多种玩法。同样是币乎。如果有一个币乎商城，有些人想用商品兑换密钥，有些人想用密钥兑换商

品，就可以增加一条密钥流通渠道；商品成交时，买家和卖家的需求就会同时得到满足，但密钥只是从一个人的钱包转移到了另一个人的钱包，法币并没有成功变现，只维持了密钥的价格。

二是通证的设计可以采取多种激励方式，但如果该应用无法带来社会价值，即使设计得再好，也没有任何意义。比如，币乎。即使币乎的通证设计出现了问题，最终结果也不会改变。因为借助激励措施，就能让更多人写出好文章，为众人提供帮助，带来更多的社会价值。

三是设计通证经济体系时一定要考虑所有利益方的需求，包括普通公民、政府、监管机构和交易所。如今，很多资产的流通受到法律法规的限制，要想通证化，就要与政府和监管机构多加沟通，达成社会共识。

四是即使某些需求不明显，通证依然可以存在。例如，设计一个通证系统，在公司内部流通；为了奖励好市民，市政府也可以发行一个通证。但是，只有跨越边界的需求越强，通过区块链来实现通证经济的作用才会越大。

五是不管我们如何用通证激励来留住用户，很多人依然会提出变现需求。变现时，大家最关心的问题一定是通证的价格，只有设计足够多的玩法，才能流入足够多的法币，才能实现通证价格的稳定。

六是考虑与传统资产管理方式的结合。如今区块链技术仍在不断发展，用户要想管理数字资产，离不开地址和密钥，一旦密码丢失，就找不回来了。也就是说，传统的资产实名登记也有价值，设计通证时应考虑如何将传统资产管理方式与区块链技术结合，以提高安全性与实用性。

具体设计步骤如下：
①明确系统中的主要角色；
②确定激励和惩罚的行为；
③设计通证结构；
④设计激励结构；
⑤设计币值逻辑；
⑥设计经济体增长逻辑；
⑦化简，进行攻击分析。

每个通证经济设计都要经过以上7个步骤，每一步都非常重要，都不可或缺。按照这个思路设计之后，看看是否满意。如果不满意，再重新进行设计。

如今，虽然通证经济系统设计学科还处在早期发展阶段，行业只明确了基本的原则和方向，但从目前的认知来看，我们依然可以判断出通证经济未来可能发展的方向，比如：

①治理结构与经济系统必然会进行分层设计；
②模板化设计与角色分析会被有效结合起来；
③创建了仿真系统，就能从定性分析走向定量分析；
④运用数学方法优化参数，甚至选择最优模型；
⑤将政治学、经济学、金融学等理论和实践引入通证经济设计。

不同的区块链项目，就是不同的通证经济系统。但不管领域如何不同，不管解决的问题有多大差异，都要遵循七个基本原则，如表2-8所示。

表2-8 通证经济系统遵循的原则

原则	说明
真实增长	系统必须能创造真实价值，必须能提高生产率
原点价值	最小网络有原点价值，在最小网络中通证有基本的用途和使用场景
网络价值	随着网络规模的不断扩大，价值呈现指数增长
价值回路	各角色都分布在价值回路上，没有奇点缺陷（通证系统中的通证单向流动。只流入不流出，或者只流出不流入）
协议	良好的经济系统依赖于协议行为和经济激励，并不是冗长的流程和强制
透明	系统可以进行中心化设计，但应尽可能消除"黑箱"，将必要信息对公众公开
正义	要惩恶扬善，不要纵容作弊和腐败等不良现象

这些原则并非要求每个项目都完全遵守，实际上，只要满足其中五条，一个项目就可以被认为成功了。我们要用开放的眼光来看待这些原则，因为有的项目在早期可能会暂时无法完全遵循它们，但随着项目的持续运作和经济系统的逐步发展，这些项目也可能达到这些原则的要求。因此，我们不能因为一个项目在起始阶段没有完全遵循原则，就认为它没有生命力。

第二部分
新金融、新货币、新资产

截至2024年6月，全球约233个国家及地区，其中超过一半的国家与地区的央行在积极研究和部署央行数字货币（CBDC）。

　　今天，无论我们如何看待数字货币这个新生事物，在不久的将来，我们都会成为币圈的人。因为随着数字化时代的到来，我们的日常生活将越来越离不开数字货币。企业给员工发放工资用的是数字货币，政府向企业和个人征收的税款用的是数字货币，我们每天日常生活消费使用的是数字货币。届时，我们每个人都会拥有一个或数个加密数字钱包，用于储存和分配、使用我们的私有财产。

　　当数字时代来临，我们传统认知中的资产、商品和服务都将被重新定义，传统的金融三大支柱（银行、证券、保险）将被区块链金融引领下的新虚拟经济（通证经济）所取代。大数据资产的确认与计量被广泛应用，数据资产的总量会大大超过传统资产总量，成为人类社会资产中规模最大的构成部分。

一、新金融

1. 通证与新金融生态

通证作为区块链技术的核心应用之一,正通过资产数字化、权益凭证化等方式重塑金融体系,形成新金融生态。通证在金融领域的应用特征如下:

一是资产数字化与确权。通证通过区块链技术将实体资产(如房地产、股权、知识产权等)转化为数字凭证,实现资产的可分割、可流转。例如,全球卫星银行(GSB)推出的"联合指点"(JP)作为通用货币,依托区块链实现跨国界流通和结算。区块链的透明性和不可篡改性确保了资产权属的真实性,解决了传统确权中的信任问题。

二是流动性提升与金融普惠。通证化显著提高了低流动性资产的交易效率。例如,在香港金管局支持的RWA(真实世界资产通证化)案例中,新能源充电桩资产通过代币化获得跨境融资,所有权分割后增强了融资灵活性。

三是去中心化与自金融。通证经济推动金融活动从传统中心化机构向分布式网络迁移。例如,WAX区块链通过跨链设计将NFT交易与以太坊的DeFi生态结合,用户可直接参与治理和收益分配。这种模式降低了中介成本,使个人和企业能够直接通过智能合约完成金融行为。

在新金融生态中,市场通常将通证区分为实用型通证和证券型通证。

(1)实用型通证

实用型通证大多是企业为了募资,针对自己提供的服务或者产品而发行的。实用型通证的价值基于对项目未来实用价值的预期。与证券型通证相比，实用型通证更具体地强调自己的开发平台或生态系统，它的价值与平台或生态系统内参与者的活跃度成正比。实用型通证主要分为两类：产品或服务通证（Use of Product Token）和奖励通证（Reward Token）。

①产品或服务通证

项目方可以针对产品或者服务来发行实用型通证。一般来说，这类通证发行活动在某种程度上类似于产品或服务预售。一旦项目完成，通证持有人可以使用自己的通证购买产品或服务。形式上，这类通证与会员卡或预付卡相似。

②奖励通证

奖励通证是为了奖励持有人或者用户与企业间持续关系的行为而发行的。例如，客户通过网络为相应的企业建立声誉的行为可以通过通证筹赏获得回报。持有人/用户的忠诚度既可以让他们拥有获得新产品和服务的特权，也可以用于在未来购买时获得折扣甚至得到免费商品。奖励通证与用户忠诚度计划相似，也有点儿像 EOS 的超级节点。

实用型通证的优缺点如下：

优点：随着产品/服务需求的增加，通证数量的固定可能带来其价值的增加；这类通证可以在交易所进行交易，因此是基于供求法则的；为用户提供了获得公司产品或服务的权利；用户可以获得投票和参与权。

缺点：不受任何政府部门法规管制；证监会尚未就实用型通证给出官方指导；项目初期，缺乏用户使用，使得通证价值难以支撑；主要风险有加密货币骗局、网络攻击和价格浮动。

（2）证券型通证

证券型通证通常都是有真实资产作为支持的，如资产权益、股权、信托产品、收益权、大宗商品、知识产权、房产等。证券型通证被用来支付红利、收益、利息，或者通过投资其他通证为通证持有人带来利益。它们是具有货币价值的可交易金融工具。公共股本、私人股本、房地产、管理基金、交易所基金、债券等都是证券型通证的常见示例。这类通证也主要分为两类：权益通证（Equity Token）和资产通证（Asset Token）。

①权益型通证

权益型通证是当前最具发展前景的一类证券型通证，它代表一种资产的所有权，如债务或者公司股份。权益型通证使创业公司能够通过发行通证（Token Generation Event），而不是传统的首次公开募股（IPO）来募集基金。它消除了普通投资者或者初创型公司进入金融市场的障碍。

②资产型通证

资产型通证是另一类证券型通证。这类通证通常与真实世界的资产相连，如不动产或黄金。通过通证化的机制，投资者能够只投资资产中的一小部分而不是进行整体投资。

证券型通证的优缺点如下：

优点：符合法规的证券型通证比操作IPO成本更低；是传统金融部门与区块链之间的桥梁；法律风险更低；进入金融市场的门槛更低；有可能带来更好的回报。

缺点：不遵守法规可能会带来惩罚，甚至可能使项目脱轨；交易限制，由于目标市场针对授信投资人，因此具有市场限制；现行法律并不适合证券型通证的发展，在现行框架下，证券型通证受到限制。

2. 如何认定STO

STO是Security Token Offering的缩写，意为证券型代币发行。这是一种利用区块链技术发行数字证券的方式，通过将实物资产或权益转化为数字化的安全代币，来实现资产所有权的转移与交易。

STO是首次代币发行（ICO）的一种全新的、监管更友好的替代方案，使企业能够以代币化资产的形式出售其公司的股份。在STO中，投资者可以购买代表公司所有权股份的证券型代币，这些代币具有与传统股票相似的特性。与传统的IPO（Initial Public Offering）不同，STO使用区块链技术来确保交易的透明性与可追溯性，并为投资者提供更多的保护措施。

同时，STO 也力求符合监管框架，受到如美国证券交易委员会（SEC）等机构的认可。这种新型的融资方式为企业提供了更多的灵活性与透明度，同时也为投资者提供了更多样化的投资选择。

美国联邦证券法对证券的认定主要包含两种形式：一是直接列举的股票、票据、债券以及其他形式的股权和债务工具；二是通过豪威测试来界定的任何形式的投资合同。关于后者——投资合同的界定，来自1946年的豪威测试（Howey Test）提供了一个判断框架。根据豪威测试，若满足以下四种特定条件，便会被定性为证券：

（1）投资者投入现金或等值品，ShareX——未上市公司股权通证化平台；

（2）所有投入被汇聚到同一个项目或资金池中；

（3）投资人有获利预期，即众多投资人投资的目的是盈利；

（4）获利完全依赖发起人或第三方的努力或经营。

在美国证券交易委员会（SEC）的亚特兰大小组会议上，有人提出："如果通证可以满足投资合同的 Howey Test，将被认定为证券型通证。若一个通证通过预售后只在平台内使用，而没有进入二级市场交易，则将被宣布为功能性通证。"

3. 为什么会出现 STO？

STO 的出现，主要是为了解决传统 ICO 中存在的问题，并适应日益严格的监管环境。以下是 STO 出现的主要原因：

（1）ICO 的问题与缺陷

尽管 ICO 在区块链行业掀起了一股热潮，但也暴露出许多问题。首先，许多 ICO 项目缺乏实际价值支撑，仅仅依靠概念和炒作来吸引投资者，导致大量的项目失败和投资者遭受损失。其次，ICO 市场缺乏有效的监管机制，导致欺诈、洗钱等不法行为频发，严重影响市场的健康发展。

（2）资产价值与实际应用的结合

STO通过发行代表实际资产或权益的证券型代币，使得投资者能够购买到具有实质价值支撑的资产。这种资产代币化的方式不仅增强了项目的可信度，还使得投资者能够更直接地参与项目的价值创造中。

（3）适应监管要求

随着区块链行业的快速发展，各国政府和相关监管机构正逐步加强对该行业的监管。相较于ICO，STO更符合传统证券市场的监管要求，这使得STO能够在合法合规的前提下进行融资活动，降低了法律风险。

（4）拓宽融资渠道

STO为企业提供了一种新的融资渠道，使得难以通过传统IPO方式融资的企业也能够通过发行证券型代币来筹集资金。这有助于降低企业的融资成本，提高融资效率。

（5）区块链技术应用

STO的出现也进一步推动了区块链技术在金融领域的应用。通过将区块链技术与传统证券市场相结合，STO为投资者提供了一种更加透明、高效和安全的投资方式，同时也为传统金融机构提供了新的业务拓展方向。

当前全球传统金融资本市场遇到明显的发展瓶颈，最重要的体现是流动性匮乏，退出困难。在股权市场上，这一问题的主要原因是传统资本市场依靠IPO的退出方式完全不能满足投资人的诉求。IPO比例低，周期长，使得全球积累了超过70万亿美元的股权资产无法得到有效流通。在债务和房地产市场，问题在于投资门槛过高，使得大量人员无法参与投资，市场积累了100万亿美元债权资产和230万亿美元房地产资产无法得到有效流通。

第二大原因在于各国对金融市场的保护性监管导致的分裂。金融市场是各国强监管的领域，设置了各种外国人准入限制，这限制了资产的跨国流动。比如，中国人可能无法顺利地在美国市场购买资产；美国人也不能方便地在日本购买资产。这种国家保护性的金融监管使得资产的流动更加困难。STO的出现为融资带来明显的改善，这在后文的STO的优势中将会阐述。STO的出现对区块链最大的影响在于，它促进了区块链由虚向实发展。在此之前，99%的区块链项目都是早期项目或是缺乏实际支撑的"空气项目"。STO的出现，使得区块链项目有了底层资产的支持，有了真实的估值依据。

4. IPO、ICO、STO的区别

我们从监管、底层资产、发行难度、交易的便利性和安全性、投资门槛五个方面来分析STO、IPO、ICO的区别，见表3-1。

表3-1 IPO、ICO、STO的区别

	IPO	ICO	STO
监管	强	弱	中等
底层资产	股权，风险低	使用权，风险极高	收益权，风险中等
发行难度	高	低	中等
交易的便利性和安全性	便利性非常差 安全性非常高	便利性非常高 安全性非常弱	便利性非常高 安全性中等
投资门槛	高	极低	中等

（1）在监管方面

① IPO：各国监管机构对IPO一直秉持着严监管的态度。IPO主要分为注册制和核准制。注册制以美国的证券制度为代表，是指证券发行申请人依法将与证券发行有关的一切信息和资料公开，制成法律文件，送交主管机构审查，主管机构审查发行申请人提供的信息和资料是否履行了信息披露义务的一种制度。注册制的核心是只要证券发行人提供的材料不存在虚假、误导或者遗漏，即使该证券没有任何投资价值，证券主管机关也无权干涉。核准制即所谓的实质管理原则，以欧洲各国的证券制度为代表。依照证券发行核准制的要求，证券的发行不仅要以真实状况的充分公开为条件，而且必须符合证券管理机构制定的若干适于发行的实质条件。符合条件的发行公司，经证券管理机关批准后方可取得发行资格，在证券市场上发行证券。但是，即使是注册制，其监管机构也并非只披露不审查。以美

国为例，证监会的审核问题基本均在100个以上。核心在于：SEC要求拟上市公司把各种问题、各种可能遇到的情景对公司产生的影响向投资者清晰完整披露，但不会因为这些问题而否决公司的上市。此外，注册制亦更关注上市后的持续披露。公司上市后若在披露方面存在问题甚至是瑕疵，都将面临处罚和投资人的集体诉讼。

②ICO：目前，世界各国对ICO还是采取较为谨慎的监管态度。特别是前几年，去中心化的区块链技术使ICO在技术层面处于监管真空的状态，导致大量ICO欺诈项目出现，造成投资者损失。因此，各国对ICO都呈现加强监管的趋势。

③STO：STO的出现为融资市场带来新的变化。与以往对证券性质遮遮掩掩的态度不同，STO的发行人直接声明其发行的是证券性通证，并积极配合监管部门的监管。从政策监管的完善度来说，IPO已经十分完善，ICO处于监管的灰色地带，而STO则结合了ICO和IPO，处于两者之间的状态。

IPO的投资人通过支付国家法定货币，来认购发行人发行的拟上市主体的股份，最终获得的权益是其持有的上市公司股权。该权益可以通过证券交易所在公开市场进行交易和流转。

ICO的投资人，用自己手里的其他较为通用的加密数字代币（如比特币、以太币等），来认购ICO发行人通过区块链技术发行的代币，从而享有发行人提供的某种权益。这种权益既可能是基于现实中资产的某种使用权或收益权，也可能并不对应任何现实中的资产，仅依靠在项目正式上线后通过数字货币交易所流通退出。

STO的可应用领域非常广泛，将大大突破传统意义上对权利分割和归属的确认。知识产权、股权、房地产所有权、房地产投资基金、贵金属、美术作品及音乐版权等传统资产，都可以通过STO进行资产代币化。

（2）在发行难度方面

IPO一直处于各国监管部门的强监管之下。发行人需要花费数年甚至更长时间准备，其间还需依赖各中介机构的协助，包括券商的辅导、律师的合规咨询等。在提交了所有必要材料后，他们还要接受监管部门的审查和各种提问。此外，整个上市筹备过程及上市后，公司都必须遵守严格的信息披露规定。

ICO 的底层区块链技术，其基本特征就是去中心化。因此，从技术层面来看，ICO 有意排除一个中心化主体的监管，发行难度较低。

STO 介于 IPO 与 ICO 之间。一方面，STO 承认其具有证券性的特征，接受各国证券监管机构的监管。虽然 STO 依然基于底层区块链技术，但通过技术更新，能够与监管要求相适应。另一方面，相对于复杂耗时的 IPO 进程，STO 的底层区块链技术能够实现更高效、更便捷的发行，这与 ICO 有相似之处。

（3）在交易的便利性与安全性方面

毫无疑问，区块链技术对资本市场运作模式的影响是革命性的。原本复杂的流程变得更为简便、快捷、自动合规和标准化。例如，相较于现实中资本市场的交易必须在交易所规定的交易时间内进行，ICO 与 STO 的交易均可以实现 24 小时不间断交易。当然，在无监管下的 ICO 项目中，投资人在参与项目投资之后，很难知道这个项目的发展状况。同时，发行人是否会按照白皮书中所写的那样去开发，并实现白皮书中的理念，也很难得到保证。因此，引入监管端口的 STO 在实质上进一步推动了数字货币和数字所有权的进步，使其变得更安全、更公平和更有保障。

（4）在投资门槛方面

① IPO：在传统 IPO 过程中，很多资产难以实现转移或颗粒化细分。因此，买卖双方需要通过复杂的合同协议或者权证的方式来进行确立和确认交易。另外，某些国家或地区的证券市场，对部分证券类产品的发行设置了投资人资格限制，如"合格投资人"等类似概念，这通常涉及对投资人的收入、经济状况的一定限制（当然，这也是出于保护投资人的考虑）。这或多或少会限制发行人的融资范围。因此，能够成功实现 IPO 的企业数量有限。

② ICO：对于 ICO 的投资人，由于目前各国缺乏体系化的监管政策，使得 ICO 并没有投资人门槛的限制。

③ STO：理论上而言，任何资产，包括知识产权、股权、房地产、贵金属和艺术品等，都可以通过区块链技术进行证券化，无论其流动性强弱、可分割度高低，潜在市场的大小，均能够被激活。技术进步允许这些资产被细分，可支持更广泛的群体来参与投资和交易。从投资者的角度来说，由于 STO 必须遵守监管要求，因此具有一定的投资门槛。

2018 年 6 月 20 日，安迪·沃荷的《14 张小电椅》（1980），由分权画廊梅塞纳斯（Maecenas）进行了货币化并出售。这幅丝网画的估价是 560 万美元，约 850 个比特币，其保留价定为 400 万美元。该作品的数字证书可以使用比特币、以太币和 ART（由 Maecenas 美术公司创建的加密货币）支付。此次交易只出售了该作品 49% 的所有权，其余 51% 仍由当前所有者持有。

这意味着所有者保留了对该艺术品的主要控制权，同时也向竞标者提供了所有权的数字证书。这一案例展示了 STO 在艺术品投资领域的潜力。

5. STO 的优势

STO 使得资产的公开发行成本更低、效率更高。一般来说，IPO 过程会涉及改制与设立股份公司、尽职调查与辅导、财务审计、法律意见书的准备以及定价与发行等过程。

STO 利用分布式记账技术以及集成了监管功能的智能合约，极大地简化了这些流程，有效地降低了交易成本。证券通证可以代表多种资产、商品和金融工具。这意味着规模较小的公司有机会迅速从全球投资者中募集资金，同时避免了传统 IPO 过程中的高昂法律和行政费用。

（1）STO 可极大地提高资产的流动性，解决资产变现难的问题

发行证券型代币的门槛的降低，使得大量资产可以在资本市场上市和交易，从而增加了资产变现流通的渠道；从另一个角度来说，由于投资人

门槛的极大降低，越来越多的人可以参与 STO 的交易。

举例来说，一幅油画原本价值 100 万美元，只有极少数富人才能买得起。但如果将油画通过 Token 化平台切割成 100 万份 Token 后，则普通大众也可以参与投资，从而使得油画资产的流动性极大提高。这种 Token 化的无限切割使得资产的购买门槛越来越低；而投资人准入门槛的降低，也使得普通大众可以参与投资。

（2）STO 更合规且便于监管

项目 STO 的进行通常会有以下四个特点：

①项目代码受到监督，以防出现严重漏洞造成投资人损失；

②项目进行合规审查，看项目涉及的行业是否符合当地法律法规；

③团队成员背景调查，避免出现虚假团队背景；

④经过 KYC 反洗钱调查，发行的通证需要有实物资产、公司利润等背书。

项目 STO 经过以上筛选，能够过滤剔除一部分劣质区块链项目，降低投资人损失的风险。同时，可以净化当前混乱的市场环境，避免劣币驱逐良币的现象频繁出现，让项目更合规和便于监管。

（3）STO 可以加速资产的全球流动

之前很多的投资类型（包括回报稳定和收益最高的投资类型），进入门槛都高到令人望而却步。STO 证券型通证技术的突破性发展，将打破这样的局势。任何用户都可以在任何时间和任何地域以任何规模的资金，投资他认为具有价值的证券型通证产品，这就增加了优质资产的全球流动性。未来，优质资产可以通证的形式像液体一样流通到任何有价值或需要它的地方。分布式记账可以对其他非流动性的资产进行标记化，如不动产和艺术品等。证券型通证允许发行者拥有部分所有权。

举例来说，即使是最贵的房产，只要它被标记为证券型通证，就可以被分割为任何人都可以支付的一部分。艺术品和以前仅为超级富豪保留的其他形式的资产也可以如此。区块链本就是一个全球性的金融市场，证券通证发行不受地域边界的限制，STO项目可以在全球范围内活动融资。通证的全球性也意味着，在STO后买卖双方可以形成一个更广泛的市场。这种全球性的市场流动性为投资者和项目发行者带来了前所未有的机遇。

（4）交易的连续性

传统股票市场每天都有固定的开盘时间，且节假日、周末处于休市状态。在休息时间可能发生影响股票价格的重大事件，其影响却因为休市而无法体现在价格中。STO的7×24小时连续交易、T+0的结算方式，将大大改变传统交易方式，使得交易更加连续，股价能实时反映市场状况。

那么，STO是否会成为下一个融资浪潮呢？

由于STO相较于传统金融市场的优势，笔者认为，STO将成为未来融资的新趋势。但STO带来的热潮不会像ICO那么疯狂，核心在于：一是STO需要在严格的监管框架下进行，而ICO大多处于监管的灰色地带；二是STO需要有底层实际资产作为基础，而ICO往往依赖项目的未来潜力和愿景。相对来说，STO融资的门槛比ICO更高。尽管如此，STO的融资方式将比ICO更健康、更理性，从而持续的时间也更长。

6. STO的技术标准

2023年9月11日，开发者Stephane Gosselin在GitHub上提交了一份新提议，公布了一项新的证券型代币标准——ERC-1400。ERC-1400主要是把Token的互换性（fungible）与证券相关的业务场景结合，设计了一套通用接口。新标准的核心是增强监管功能，目的是方便用户以合法合规的方式在以太坊网络发行证券。Crypto Slate上的专栏作者Sam Town评价道：Tokensoft的ERC-1404标准专为资产Token化而设计，是在证券律师事务所，主要是加密货币交易所和发行人的指导下开发的。值得注意的是，ERC-1404标准的制定考虑了银行和公司治理法，并提供了与ERC-20标准相同的所有功能。通过向ERC-20标准添加几行新代码，Tokensoft开发团队使发行人能够实施转移限制。这使得发行人能够控制何时以及在何种条件下转移 Token 数量，从而满足关键的监管要求。

ERC-1410 在 ERC-20/ERC-777 的基础上增加了额外的信息来划分代币余额的不同部分，从而允许对代币的转移进行更细致的操作限制。而 ERC-1400 标准是对 ERC-1410 标准的继承和改进，它增加了证券相关业务会使用到的函数，如证券增发、相关法律文件存储等。

（1）Polymath 的 ST-20

Polymath 是 2024 年 2 月推出对标以太坊 ERC-20 的 ST-20 标准，以更模块化的方式打通了 Security Token 发行的流程，但每个功能主体之间的利益分配仍然是基于 Polymath 发行的内部 ERC-20 的 Token，Poly 作为交换媒介实现流通。Polymath 是一个帮助资产实现证券化通证的平台。它提供证券类通证的底层协议（ST-20），允许个人和机构投资者完成合格投资者认证，允许合法投资人在符合政府规定的前提下参与 STOs。Polymath 的平台汇集了 KYC 服务商、法律顾问、技术开发者以及投资者。Polymath 协议致力于完全合规的证券型通证的发行，该协议将金融监管的需求嵌入通证的设计中，实现区块链上发行和证券型交易的无缝体验。

（2）Harbor PICO

Harbor 是一个可以让传统投资机构无缝接入区块链的开源平台。基于 Harbor 的一套标准化流程，可以保障标的企业将传统投资资产在合规条件下按部就班地转移至区块链。通过一种被称为"私募 ICO（Private PlacementICO，PICO）"的方式，Harbor 可提供符合美国证券交易委员会 D 条例的私募销售。Harbor 平台融合了新的代币 R-Token 许可技术，旨在提高证券型代币的合规性和安全性。在 Harbor 的标准化流程中包括 KYC/AML（了解你的客户 / 反洗钱）合规服务、纳税原则、信息披露和通过该系统生成的每一种代币的评估状态等关键环节。

（3）SRC20

Swarm 利用 SRC20 协议对现实世界资产进行代币化。代币化的标的变成可以在 Swarm 区块链上被管理、治理和交易的"资产"。成立于 2018 年

1月的 Swarm Invest，为外部投资者提供投资证券化资产的机会。个人投资者可以用 SWM、比特币 BTC 和 ETH 投资现实世界资产，标的资产主要包括房地产、可再生能源企业、科技公司、加密货币投资基金、影响力投资开发项目及灾后重建、基础设施以及其他项目等。投资者拿到 SRC20 代币，获取这些资产的所有权和治理权，这些权益使他们可以合法分享相关资产所产生的收益，并以监管合规方式合法交易这些代币。

（4）DSToken

Securitize 项目推出的 DSToken 在兼容 ST-20 和 R-token 的基础上，还充分考虑了证券类通证的证券属性，如分红（dividend）、投票（voting）、二级市场交易等情形。

7. STO 常见的分类

STO 常见的分类如下：

（1）通证化风险投资基金（Tokenized VC Funds），一个通证化的风险投资基金，它为通证持有人提供对基金份额的索偿权。

（2）类股票通证（Share-like Tokens），一种具有类似传统股票特征的通证。这些特征包括对某一实体享有所有权份额、有限合伙（LP）份额、投票权、股息、利润份额或对未来成功的某一实体享有利益等。

（3）资产支持通证（Asset-Backed Tokens），一种基于某种有形资产的投资基金。这些资产可以是黄金、房地产、艺术品等。可被纳入其中的一般来说都是期限足够长、价值的稳定性受到大众认同的实物资产。它采用将截然不同的资产捆绑在一起通证化的形式，类似于房屋抵押贷款组合在一起以创建证券。

（4）加密债券（Cyprto-Bonds），它能够消除中间商和注册机构，减少结算时间并降低运营风险。通证化债务可以为发行人提供优惠的税收待遇，且不受公开发行投资者人数的限制。

无论是哪一种，STO 都有着巨大的发展潜力，将彻底改变投资模式。

STO不仅能为公司合法发币提供一条新途径，还能给加密货币市场注入一股全新的活力。更关键的是，STO几乎能与任何形式的投资或资产挂钩和锚定，包括股票或大宗商品等。例如，如果房产被通证化，STO将在房地产等领域创造出新的投资机会。

8. STO的应用场景

STO的应用场景非常广泛，它可以将各类传统资产通证化，并且使得它们具有流动性。常见的应用场景包括以下四种。

（1）私募股权融资：将标的公司股权通证化后，更多的投资者能够较容易地参与，购买较小的交易单位，公司能在较短的时间内完成融资。

（2）房地产：在传统投资方式下，如果单个投资人想要投资房地产，就需要直接拨出一笔大额资金购买一套房子或者购买REITs（房地产基金）的份额。应用STO后，某一房地产可以在区块链上做好数字标记，分成相应份额，在数字交易所发行和流通。

（3）昂贵的艺术品投资：以名画为例，如果一幅名画被分割，它将毫无价值。有一些人买不起一幅名画或者没有条件保管名画，又想参与艺术品的投资。应用STO后，名画被标记为数字资产，名画对应的数字证券份额可以任意分割。而名画实物仍然可以被安静地保管在温度、湿度都适宜的仓库里。

（4）黄金：大额黄金的运输和保管都不容易，STO可以在无须运输和保管的情况下，解决黄金的投资问题。

9. 各国对STO的监管态度

全球证券法律通常禁止在未经许可的情况下，向公众出售资产的部分权益。鉴于区块链的特殊性质及各国法律法规的差异，通证化涉及的实体或交易这些通证的市场面临许多挑战，涉及交叉管辖、财务确认、资产审查、投资者保护等。尽管一些国家和地区针对加密货币及其相关服务的交易和销售提供了指导性意见，但截至目前，还没有一个国家或地区放宽针对发行证券型通证的法规限制。

（1）美国

从实践上来看，ICO 主要受美国证券交易委员会（SEC）和美国商品期货交易委员会（CFTC）的监督。SEC 将除了比特币和以太币的 Token 都划归证券，并把所有的证券型通证纳入监管。2017 年 7 月，SEC 对 DAO（Decentralized Autonomous Organization）进行调查后，发布了长达 18 页的调查报告。该报告称，只要在美国买卖证券，就必须遵守证券法规或寻求符合条件的豁免，包括通过电子手段的交易。SEC 会对项目本身按照一定的标准进行测试，以判定其是否为证券。如果被判定为证券，那么该项目将会受到 SEC 的监管。如果其在按照相关证券法规注册或被豁免注册前进行了 ICO，则违反了美国证券法律。美国在包容接纳数字资产的同时，监管态度始终保持谨慎。2018 年 1 月至 9 月，SEC 官网上发布的关于起诉或处理 ICO 项目欺诈的事件至少有 5 起。

对于 STO，在 2017 年 12 月 11 日关于加密货币和通证公开发行的声明中，SEC 主席 Jay Clayton 表示，发行证券必须遵守证券法律制度，无论证券发行的方式如何变化。相关的证券法规主要有三个：Regulation A+（小型上市）、Regulation D（私募投资）和 Regulation S。Regulation A+，即 JOBS 法案第 IV 章，是一种针对初创企业的 IPO 替代方案。该规则自 2015 年 6 月生效，允许公司向合格的投资人和普通民众出售股份筹集资金。Regulation A+ 规则分为两层：第一层的融资上限是 2000 万美元；第二层的上限是 7500 万美元。但第二层须披露经审计的财务报表，且非合格投资人的投资额不得超过其年收入或净资产的 10%，对合格投资人则没有限制。

根据美国《1933 年证券法》的规定，每家公司都必须向 SEC 注册后出售其证券。但在某些情况下，允许公司在没有 SEC 注册的情况下出售证券，这样的豁免条例就是 Regulation D。若要通过 Regulation D 发行证券，则需注意三条发行准则，其中规则 506（c）是最重要的。506（c）允许发行方从认可投资者那里获得无限量的资本，且发行公司可以进行公开宣传。但发行方必须向 SEC 提交一份表格 D，其中包括有关该公司的产品信息、公司本身的信息以及更多的产品信息等。

此外，还有被视为 Regulation D 补充的 Regulation S。由于 Regulation 允许非美国投资者在与 Regulation D 条款相似的基础上投资美国公司，而无须获得投资者的认可，因此，该规则为外国和美国发行人获得来自美国境外的资本提供了途径。

2018 年 6 月，SEC 接受了交易所 Blockchain.io 依据 Regulation D 递交的关于豁免注册的 Form D。据报道，该交易所还得到了法国金融审慎监管局（Autorité de contrôle prudentiel et de résolution）注册。这是第一个同时在上述两个监管机构"挂号"的数字资产交易所。此外，纳斯达克的首席执行官 Adena Friedman 在接受 CNBC 节目采访时表示，纳斯达克对于数字资产持开放态度，并考虑未来在其平台上提供数字资产交易。

（2）新加坡

新加坡被认为是对 ICO/STO 最友好的国家。2016 年 11 月，新加坡金融监管局（MAS）发布了金融科技监管沙箱指引（FinTech Regulatory Sandbox Guidelines），为金融科技创新提供了一个相对隔离的空间。2020 年 11 月，MAS 发布数字通证发行指引（A Guide to Digital Token Offerings），明确数字通证属于资本市场产品，除非符合豁免条件，其中构成证券型产品的，受证券法规监管。虽然新加坡对 ICO/STO 持开放和欢迎的态度，但监管也不是说说而已。2018 年 5 月 24 日，MAS 宣布对 8 家数字通证交易所的 ICO 发行人予以警告，称这 8 家交易所在未经 MAS 授权下实施证券或者期货合约类数字通证交易，并警告相关发行人停止在新加坡发行数字通证。MAS 表示，证券化通证属于新加坡证券期货法监管范围，此类通证发行人需要在公开发行前向 MAS 提交和注册招股说明书，除非拥有豁免事项。

根据新加坡的证券及期货法（SFA），发行人可根据下列豁免免除发出招股章程的要求：

①小型非公开募集，在任何连续 12 个月的期间内，从此类非公开募集的总金额不超过 500 万新币或 MAS 规定的其他金额；

②在任何连续 12 个月的期间内，不得超过 50 个自然人；

③向机构投资者进行非公开募集；

④向特定投资者进行非公开募集，包括合格投资者。

（3）日本

日本允许经注册的 Token 作为货币使用，已经有日本商家接受顾客使用比特币付款。但监管部门规定每个代币发行都必须与当地拥有许可证的交易所合作。

（4）中国香港

2018 年 2 月 9 日，香港证监会发布了一则题为《证监会告诫投资者防范加密货币风险》的公告，该公告称，由于市场风险的增加，证监会继续监察管理市场并在必要时刻采取行动。同时，香港证监会还致信了正在当地市场招揽投资者的 7 家 ICO 组织，对其声明，涉及 ICO 的数字代币将会被认为是证券，纳入监管。

（5）马耳他

马耳他正在拟定的金融工具测试法案要求，证券类通证发行方有义务通过此项测试并适用"虚拟金融资产法"。例如，可转让证券、货币市场工具、集合性投资基金、金融衍生工具或碳排放配额型的通证，仍然需要根据现有的金融工具市场指令进行监管。

2023 年 7 月中旬，马耳他证券交易所（MSE）宣布与加密货币交易所（OKEx）合作，推出新的机构级证券型代币交易平台，希望能构建一个具有安全专业知识和客户尽职调查的数字资产的交易所。

在证券化通证仅仅将传统证券进行通证化（如公司中的股权进行通证化）的情况下，从现行法律和监管的角度来看，进行 STO 可能没有明显优势。STO 不是允许发行人绕过现有证券法的灵丹妙药。然而，这并不意味着监管环境永远不会改变。如果有明显的优势,特别是STO在投资者保护和财务信息透明度方面,可能会令立法者采取类似的实际行动。

10. 证券型代币的发行流程

我们以Polymath平台为例,介绍证券型代币的发行流程。发行流程有以下6个步骤:注册代号、使用代号、制作代币(可选)、挑选合约、准备白名单、开始交易。

(1)注册代号

发行证券代币的第一步是通过《代码注册电子合约》来申请注册证券代币代码(类似股票代码)。通过《代码注册电子合约》申请代码后的有效期内,其他人不能再使用同样的代码。Polymath平台上初始设置的有效期是7天,也就是说发行者在申请注册代码的7天之内如果没有使用代码,此申请就过期了。发行者将收到四个参数:

① Address_owner(所有者地址):证券代币代号的所有者账号;

② String_symbol(证券代币代号):需要注册的证券代币的代号;

③ String_token Name(代号名称),需要注册的代号名称,也就是证券全称;

④ Toro Company Bytes32_swarm Hash(其他数据),用于储存其他需要的链外数据,可以空缺。

(2)使用代号

注册好代号以后,发行者有一段时间可以考虑发行的具体问题,与律师、投融资顾问、董事会、合伙人讨论并做出各项与发行证券代币有关的决策。到了使用代号这一步骤,发行者可以将注册好的证券代币代号与相对应的区块链智能合同《证券代币登记》联系起来。这一步需要四个参数:

① String_Name(代号名称):需要注册的代号名称,如The Toro Company。这一步中输入的代号名称可以与上一步注册的代号不同,但这次输入的代号名称是最终的、不可更改的;

② String_symbol（证券代币代号）：上一步注册好的代号，如 TORO；

③ Uint8_decimals（小数位数）：若证券代币允许零星股存在，允许的小数点后的位数通常为 18 位；

④ Bytes32_token Details（代币具体信息）：用于储存其他需要的链外数据，可以空缺。

发行者点击"生成证券代币"（Generate Security Token）按钮，并通过 Metamask 提交到以太坊智能合同平台 Etherscan 上以后，此证券代币就可以在 Etherscan.io 上查询到。到了这一步，你发行的证券代币在以太坊的测试网络上就已经生成了。这时候的证券代币供应量显示是零，因为你还没有根据具体需要制作出证券代币。在证券代币募资合约发布之前，证券代币的所有者可以制作任意数量的代币。一旦发布证券代币募资合约，被允许制作和销售代币的就只有证券代币募资合约了。

（3）制作代币

在证券代币募资合约发布之前，发行者可以选择为现有股东制作发放任意数量的代币。只要通过 General Transfer Manager 中的 Modify Whitelist( )，就可以把股东的电子钱包地址加入"白名单"（符合相应法规的"优良者名单"）中。然后，通过证券代币的 mint 功能就可以根据需要制作任意数量的证券代币了。

（4）挑选合约

挑选合约这一步涉及的是第三种电子智能合约《证券代币募资合约》。发行者必须为将要发行的证券代币选择适当的募资合约，募资合约将决定证券代币的发行和销售方式。从技术层面来说，证券代币募资合约与 ICO 中所用的公开募资合约是等同的。典型的 ICO 涉及两个合约：代币合约和公开销售合约。代币合约规定发行多少代币、留存多少、出售多少，而公开销售合约规定如何通过 ICO 销售代币，通常合约中至少应规定销售的起始日期和以太币或其他币种的兑换率、出售代币的最高数量。其他规定通常包括：个人最低认购额、个人最高认购额、分级红利计划、最低目标融资额、限制交易期、返还投资条件、股份行权计划等。证券代币发行涉及的合约是在 ICO 合约的基础上设计的，因此两者有很多共同点。证券代币发行与 ICO 不同的最关键之处在于，只有"白名单"上被邀请的潜在投资人才有资格购买证券代币。

（5）准备白名单

合规投资者的白名单是由 General Transfer Manager 模块来管理的。只有白名单上经过审核的以太坊地址才可以购买或者接受证券代币。这一步通常需要以下三个重要参数：

① investor（投资者地址）：合规投资者的以太坊地址；

② from Time（出售起始时间）：投资者允许出售证券代币的最早时间；

③ to Time（购买起始时间）：投资者允许购买证券代币的最早时间。

（6）开始交易

投资者在购买证券代币时只需要输入证券代币合约的地址就可以使用以太币购买。找到地址并输入以太币金额后，证券代币的智能合约会自动计算投资者输入的以太币金额扣除交易成本后可兑换的证券代币数量。提交交易并在自己的账户中添加刚购入的代币后，就可以在账户主页上看到自己拥有的证券代币了。而发行方也可以立刻在证券代币合约中看到"已售代币""已融资金额""投资者数量"等参数发生了相应变化。

11. STO 产业链

目前的市场中，已经出现了服务于 STO 产业上下游的众多机构：

发行者（Issuers）；

发行平台（Issuance platform）；

投资银行（Investment banks）；

智能合约跟踪收支情况（Smart contracts to track spending and revenue）；

支付平台和稳定币（Payment platform and stablecoin）；

投资者（Investors）；

交易所（Exchange）；

身份管理（KYC/AML）；

公司治理平台（Governance platform）；

投票 Saas 平台（SaaS platform to allow investors to vote）；

公司流程运营（Help with company charter）；

服务机构（Agencies）；

托管行（Custodian）；

流动性提供者（Liquidity providers）；

媒体（Media/PR Agencies）；

评级（Rating Agencies）；

合规（法务 & 会计）（Compliance，Law & Accounting）；

信息平台（Information platform）；

管理控制台（Admin Console）。

STO 产业链的主要组成部分：

项目方：STO 的发起者和主体，通常是希望通过发行证券型代币来筹集资金或实现其他商业目标的企业或组织。项目方需要准备相关的商业计划、法律文件和技术方案，以便在 STO 过程中展示给潜在投资者。

发行解决方案机构：这些机构为项目方提供 STO 的发行服务和技术支持。它们协助项目方设计代币的经济模型、开发智能合约、进行合规性审查等。发行解决方案机构在 STO 产业链中扮演着重要的角色，以确保 STO 的顺利进行。

交易所：STO 代币发行后，需要在交易所进行上市交易。交易所为投资者提供代币买卖的平台，同时也承担着监管与合规的职责。交易所需要取得政府监管机构颁发的相关牌照，并遵守相关的法规要求。

周边服务机构：这些机构为 STO 提供一系列的支持服务，如市场营销、法律咨询、审计等。它们帮助项目方扩大知名度、吸引投资者，并确保 STO 的合规性与透明度。

除以上主要主体外，STO 产业链还涉及投资者、监管机构、区块链技术提供商等多个角色。投资者是 STO 市场的需求方，他们通过购买证券型代币来参与 STO 项目；监管机构则负责监督 STO 市场的合规性与稳定性；区块链技术提供商则为 STO 提供底层技术支持和解决方案。

总之，STO 产业链是一个复杂而完整的生态系统，各个环节与主体之间相互配合、相互作用，共同推动了 STO 市场的发展与壮大。

二、新货币

1. 全球货币体系需要寻求新锚

新货币是一个相对的概念，它通常指的是最近发行或采用的货币形式。从广义上讲，新货币包括电子货币、数字货币等新型货币形式。

以电子货币为例，它是以金融电子化网络为基础，以商用电子化工具和各类交易卡为媒介，以计算机技术和通信技术为手段，以电子数据形式存储在银行的计算机系统中，并通过计算机网络系统以电子信息传递形式实现流通和支付功能的货币。而数字货币，特别是像数字人民币这样的货币，则利用区块链等先进技术实现发行、流通和管理，提供了更加便捷、隐私和安全的交易方式。此外，各国央行也会根据经济需要发行新版钞票，这也是一种新货币的形式。这些新钞票可采用新的设计、材料或防伪技术，以提高货币的安全性和流通性。

总的来说，新货币是一个不断发展的概念，随着科技的进步和经济的发展，新的货币形式和发行方式将不断涌现。这些新货币的形式旨在满足现代社会的交易需求，提供更加高效、便捷和安全的支付方式。

当前美元主导、欧元跟随的国际货币体系的根本问题是"过度弹性"。

美欧财政和货币政策的自主性决定了美元和欧元作为全球"公共物品"会损害全球其他使用该货币的经济体的利益。因此，如果其他经济体有能力在全球范围内提供更多的、安全性更高的可替代资产是国际货币体系发生实质性变革的基本筹码。人民币国际化的要点之一是提供更多的安全资产和优质资产，并在金融账户开放上实施"双轨制"，以此稳慎扎实推进人民币国际化，参与国际货币体系的变革。

流动性和清偿性两难——"特里芬难题"（Triffin Dilemma）很好地解释了美元—黄金固定汇率制度的崩溃。1971年8月15日，尼克松宣布关闭黄金窗口，禁止美国财政部用黄金兑换外国所持有的美元，全球进入了美元信用本位制。在信用本位制度下，"特里芬难题"表现为美国以外的国家，由于对美元信心的动摇，持有的美元越多就越不愿意持有美元，甚至会抛售美元，美元体系也会因此逐渐削弱，甚至瓦解。依靠主权国家货币充当国际清偿能力的货币体系也会陷入"特里芬难题"。物本位和信用本位的差异在于：物本位下美国储备的黄金是美元全球固定汇率货币体系的支撑；信用本位下美国的信用是美元主导的国际货币体系的支撑。因此，美国信用下降的过程是美元国际货币体系逐渐削弱的过程。

当前，全球货币体系存在增长乏力、政策效用递减、难以提供稳定的通胀预期等问题。全球货币体系需要再寻锚。寻找新锚需要更高的角度和更宽的视野，需要跳出货币汇率的狭窄范畴。全球货币锚如果设计正确，就能够形成全球货币系统的自循环稳定机制。因此，必须具有长期对冲通货膨胀的效果。

新锚必须基于数字化和低碳化的科技创新和工业革命，因为这些领域的进步往往带来通缩效应，其根本原因在于摩尔定律。具体而言，新锚的特征应是科技创新、产业进步、通胀对冲、资本流动、汇率浮动、货币股权。

大宗商品不应该也不能成为新的全球货币体系锚。在纸币被发明以后，国家可以通过发行货币提供股权融资，一个国家没必要把重要的股权融资权力让渡于大宗原材料或者黄金。

现代货币理论（MMT）认为一个国家发行的国债是居民或者企业的资产，资产越多越好。这个理论忽视了金融资本的投资项目质量对原始股权的影响。如果投资项目不好，可能导致原始股权稀释，股价下跌。美元正面临巨大的稀释成本，这是如今全球的巨大挑战。

下面我们分五个方面来讲：第一，当前全球货币体系面临的挑战；第二，全球储备货币的早期变迁；第三，全球货币体系在20世纪的两次寻锚；第四，全球货币体系再寻锚的必要性和紧迫性；第五，全球货币体系的新锚需要在更根本、更长远的视角上思考。

2. 当前全球货币体系面临的挑战

当前的全球货币体系一般被称为布雷顿森林体系2.0。这个体系的前身，布雷顿森林体系，是在1944—1945年，由美国主导、44个国家（包括中国）参与谈判建立的一套全球货币系统。其主要内容包括：

（1）美元与黄金挂钩，其他国家货币与美元挂钩；

（2）限制资本流动；

（3）汇率不能轻易调整。

1971年这个体系开始崩塌，1973年国际货币基金组织（IMF）宣布这个体系不再运转并开始寻找第二个体系。

第二个体系包含使用浮动汇率、鼓励资本流动且没有任何货币与黄金挂钩。经过痛苦的寻锚之旅以及一些重大的汇率调整和《广场协议》（1985）、《卢浮宫协议》（1987），布雷顿森林体系2.0在1987年正式建立。该体系在过去30多年里为推进全球化和促进全球经济发展发挥了巨大作用。

1944—1945年之前，全世界不同国家使用的是金本位或者贵金属体系（中国用的是银圆或者铜钱），这套体系运行了千年以上。1944—1945年建立的体系是过渡体系，美元与黄金挂钩。1987年之后建立的这套体系才是全新的与黄金无关的货币体系。

布雷顿森林体系 2.0 自建立以来面临了一系列挑战，尤其是 2008 年全球金融危机，该体系面临了严峻的挑战，也触发了新的寻锚之旅。至今，我们还在寻锚之旅中。

2020 年新冠疫情暴发后，美国实施了货币宽松和财政赤字政策。从 2020 年 4 月到 2021 年 4 月，美国 M2 增速年化同比超过 20%，财政赤字达到 6 万亿美元，是美国 GDP 的 30%。这些数量庞大的货币和财政刺激引发了美国的高通胀。2024 年 4 月美国 CPI 达 8.5% 以上，对全球货币体系带来了冲击和影响。自俄乌冲突以来，全球货币体系又出现一些新的变化和冲击。俄罗斯中央银行的美元储备被部分冻结，俄罗斯的一些金融机构也被剔除出 SWIFT 系统。

面对这些新挑战，有人提出以黄金和资源为基础建立布雷顿森林体系 3.0。Zoltan Pozsar 是其中的代表人物，他认为俄乌冲突带来大宗商品价格巨幅波动，导致非俄罗斯大宗商品价格飙升而俄罗斯大宗商品价格暴跌。暴跌在一定意义上是因为俄罗斯大宗商品以卢布结算，卢布在俄乌冲突爆发之后短时间内贬值 40 个百分点，虽然后来有所恢复。这就相当于全世界有两个大宗商品价格——非俄罗斯大宗商品价格和俄罗斯大宗商品价格。他认为美国和欧盟国家可能会受到非常大的冲击，美元会更加脆弱。但市场数据并不支持这个观点——近期美元与欧元大幅升值，日元汇率也在大幅下跌，一些新兴市场国家货币以及人民币也面临贬值压力。Pozsar 的分析框架存在问题，其结论也值得商榷。

笔者认为，大宗商品不应该也不能成为新的全球货币体系锚。

首先，大宗商品的价格波动较大，短期的高波动取决于供求关系和库存情况。而锚的作用是提供稳定性，把锚系在波动性较大的大宗商品上，不仅不会起到价格锚定的作用，反而可能会加大市场对于通胀预期波动性的担忧。

其次，大宗商品资源分布不均，如原油主要集中在中东地区和俄罗斯，贵金属和有色金属集中在南美、俄罗斯和澳大利亚等地，资源产出容易被部分国家控制，而这也可能加剧价格波动。

对于"大宗商品成为新的全球货币体系锚"更重要的批评，是基于主权货币的观点。国家发行的货币是国家资本结构中的股权，一个国家要维持经济发展，就要在国家层面提供充裕的股权融资，本国发行的货币是其重要的一部分，以本国货币计价的国债也是一部分。

纸币发行后，在国家股权层面可以通过货币发行提供更多的股权融资，而且有必要提供股权融资。一个国家如果把股权融资权力让渡于大宗原材料或者黄金，没有必要，也说不通。

实际上，1971年之前全球货币体系都是金本位或者金本位的变种，1987年之后全球货币体系才实现真正的fiatmoney（法定货币），这套新体系给人类社会带来的冲击和影响是空前的。我们才刚刚开始适应它，如果重新回到千年之前的体系，无论如何是说不过去的。

在国家主权货币应用之前，国家的资本结构里基本没有股权，都是债权，因为发行多少货币取决于有多少黄金，货币持有者有兑换黄金的权利。如果把货币锚定在大宗商品上，就变相回到金本位。由于央行无法直接控制相关商品的产出，国家层面的股权融资和货币政策实施将重新回到金本位时代。

在宏观层面，无论货币是基于1930年"大萧条"之前的金本位，还是基于设想的一揽子大宗商品，货币投放回到由国家层面增加债权来实现都意味着成本高、风险大，不利于促进经济发展和科技进步，也是人类历史的倒退。

在微观层面，将货币体系锚定在大宗商品上，等同于将人类社会的未来发展锚定在传统的资源行业，鼓励资本继续流向这些行业。这也是工业革命的倒退，不符合人类科技进步，尤其是数字化和低碳化的发展方向。

3.全球储备货币的早期变迁

国际储备货币带来了收益，当然也有一定风险。成为国际储备货币要满足一系列条件。成为国际储备货币的必要条件包括：

第一，有竞争力，市场对其有信心。

第二，该货币具备兑换便利性和高度的交易流动性，易于对其资产价值进行合理的预期。要想实现这一点，就需要有高度发达的金融市场体系，并且对国际市场充分开放，能够完全自由兑换。

第三，该货币能够支撑起一个广泛的交易网络。这意味着货币发行国的经济体量要足够大，并且与世界经济体系高度融合。

满足这些必要条件之后，是否能够成为国际储备货币，还要从收益和风险两个方面进行考量。国际储备货币的收益包括降低交易成本、征收国际铸币税、增加宏观经济弹性、提高政治影响力和国家声誉等；风险则包括货币升值导致外贸部门竞争力下降，外部约束限制货币和财政政策的灵活性，以及作为货币发行国的政策责任等。国际储备货币的风险对其形成了一定的制约，因为相关货币政策的制定必须考虑"全球一盘棋"，不能只考虑国内。

美国与世界上主要大国之间存在货币磋商机制。目前，这些磋商主要与英格兰银行和欧洲央行进行，也包括与中国人民银行的磋商。在2008—2009年由美国触发的全球金融危机期间，中美之间的财经交流相当充分。从这个意义上来说，国际储备货币发行国是有全球政策责任的。

全球政策责任的另一面是国际储备货币发行国可以把本国货币作为武器。事实上，在俄乌冲突中，美国就实施了"美元武器化"，包括迫使SWIFT系统对部分俄罗斯金融机构实施制裁，以及对俄罗斯中央银行在海外美元资产的部分冻结等。

综合衡量，如果一国货币成为国际储备货币，收益可能大于风险。

根据国家资本结构的理论框架，一国发行的主权货币和以本币发行的主权债是国家资本结构中的股票，而以外币发行的主权债是资本结构中的债务。发行本国货币或者以本币计价的主权债是非常重要的，因为增加一国股权有利于该国应对金融危机和其他挑战。如果一个国家发行了过多的债券，就容易遇到外部风险冲击。国际金融领域有很多这样的例子，如拉丁美洲20世纪90年代的债务危机。

在2012年的欧债危机中，欧洲五国（意大利、西班牙、葡萄牙、爱尔兰、希腊）遭遇了主权债务危机。这些国家都是发达国家，发达国家发生主权债务危机的概率很低，发生这么大规模危机的重要原因是1999年这些国家开始采用欧元，以本币发行的国家主权债转成欧元债。这在本质上是股转债，一旦遇到市场波动，债务风险非常大。如果能够以国际储备货币体系发行股票，对于一个国家而言，会大幅度降低其融资成本。目前，享受这个特权的国家主要是美国。

全球主要储备货币发生过以下三次变迁：

第一，荷兰盾。荷兰在16世纪成为欧洲的霸主，荷兰盾也成为人类历史上第一个国际储备货币，储备货币的地位也反过来助推荷兰的阿姆斯特丹成为欧洲的金融中心。然而，与法国等欧洲国家的战争耗费了荷兰的国力，过度扩张也让荷兰政府背负了巨额债务。随着荷兰综合国力的衰退，荷兰盾逐渐失去了储备货币的地位。

第二，英镑。得益于工业革命，英国的国力迅速增强，在1850年左右达到了巅峰，成为"日不落帝国"。在最辉煌的时候，英国控制了全球20%的土地、25%的人口、40%的贸易和20%的收入。与国力相匹配，英镑成为全球储备货币的首选。伦敦的全球金融中心地位和英格兰银行作为历史上第一个具备最后贷款人（LOLR）功能的中央银行，也进一步加强了英镑的霸主地位。

萨缪尔森在其著作《经济学原理》中提出一个问题：自从有人类以来，三项最伟大的发现、发明和创造是什么？他给出的答案：一是火，二是轮子，三是中央银行制度，包括中央银行制度下的货币发行和LOLR。这些都是英国工业革命之后才发明的，对当今世界仍然有重要影响。

英镑替代荷兰盾还涉及英国与西班牙的战争，英国海军打败了西班牙的"无敌舰队"。但即使在西班牙的鼎盛时期，西班牙也并没有创造出现代中央银行制度。

第三，美元。第一次世界大战严重破坏了欧洲的经济和市场，美国却从中得益，是唯一在战争期间维持黄金可兑换的大国。另外，盟国战时也主要是向美国举借，这使得美元更多地被用于全球债务的计价。因此，第一次世界大战大幅提高了美国的经济和金融地位，帮助美元成为全球主要储备货币之一。

然而，真正奠定美元地位的是第二次世界大战。第二次世界大战结束之后，1945年美国GDP占全球的50%，美国黄金储备占全球近70%，美元完成了替代英镑成为全世界最重要的储备货币的转型。

4. 全球货币体系在20世纪的两次寻锚

自进入20世纪以来，美国为美元成为全球最重要储备货币做了一系列制度上的准备，如建立布雷顿森林体系，设立国际货币基金组织，建立世界银行。然而到了1971年，布雷顿森林体系开始崩塌，尽管在1987年推出了布雷顿森林体系2.0版，但这一体系至今仍面临一系列巨大挑战。

在第二次世界大战接近尾声时，美国取代英国成为全球货币和金融体系的领导者，1944年开始，美国着手建立布雷顿森林体系——美元与黄金挂钩、各国货币与美元挂钩，从而使美元成为全世界的支付清算货币。

这实际上是固定汇率，美国用的是准金本位的货币制度。在这一体系下，其他国家货币与美元挂钩，美国支持这些国家增加出口，以此来增加它们的美元储备。全球美元储备越来越多，而全球黄金储备增长速度较慢，为了支撑其日益增长的美元储备，一些储备美元的国家把黄金逐渐搬回本国，所以美国的黄金储备逐渐下降。20世纪60年代美国的黄金储备快速下降，引发美国对未来黄金支付能力的担忧。

1944—1945年，美国完成了美元作为全世界储备货币的转型，英镑则成为辅助的小角色。第一次寻锚是建立布雷顿森林体系，它解决了战后经济重建的货币体系问题，也是1929—1933年大萧条后第一次全球货币与金融体系的大调整。

1929—1933年的大萧条是对金本位的致命一击。金本位或者贵金属体系持续千年，其崩溃是千年变革。从1929年大萧条开始算起，此次大调整持续了16年，中间更是经历了惨烈的第二次世界大战，寻锚之旅非常痛苦。第二次世界大战之后，布雷顿森林体系为全球经济的复苏与繁荣作出重要贡献，这一复苏和繁荣持续了26年（1945—1971年）。

15—16年的寻锚周期，加上寻锚之后25—26年的繁荣周期，构成了一个约40年的周期。全球货币寻锚，每40年一个小周期。在这个单边周期之后，是不是有另一个单边周期？从全球货币寻锚的角度来说，每80年一个大周期。

1971年，由于美国国内经济增长疲软、对外战争等因素，尼克松政府不得不宣布黄金与美元脱钩。1973年，布雷顿森林体系正式瓦解。直到1985年《广场协议》和1987年《卢浮宫协议》的签订，新的全球货币秩序才建立起来。

从1971年开始算起，此次大调整周期持续了16年。其间，没有发生世界大战，发达国家之间总体来说协调得不错，但是经济出现了严重的滞胀，资产价格也剧烈波动。应对方法是稳定汇率与治理通胀双管齐下。在汇率方面，1985年五国集团（美国、英国、法国、德国、日本）经过谈判达成《广场协议》，以日元、马克升值为代价，逐渐使美元与其他主要国家的货币汇率稳定下来。在通胀方面，美联储时任主席沃尔克自1979年开始通过大幅度提高利率，控制了通货膨胀。

此后，全球经济增长步入了黄金的21年（1987—2008年）。中国的改革开放也得益于这20余年相对稳定的外部经济和金融环境。

1987年以后，全球货币体系找到第二个锚，为全世界经济的稳定与繁荣作出重要贡献。这一体系包含了"三自由"：第一，资本自由流动；第二，汇率自由波动；第三，货币自由发行，不需要盯住美元或者黄金。这个体系带来了巨大的活力，在资本自由流动的前提下，产业链重新布局、外包。

比如美国国债 10 年期收益率曲线，其呈现倒"V"字形。1944—1945 年布雷顿森林体系建立以后，美国国债收益率的上升趋势非常明确。一开始速度比较慢，1945—1955 年，10 年期美国国债收益率没有超过 4%；1957 年，达到 4%；1965 年，不到 6%；1971 年，美元与黄金脱钩，美元开始贬值，黄金价格开始大幅度飙升，滞胀风险越来越大；1972—1981 年，10 年期美国国债收益率上升速度非常快。1981 年是美国通胀水平的高点，沃尔克在 1979 年开始把联邦基金利率上调到 20%。

在治理滞胀方面，美国用了三招：一是货币政策，标志性事件是沃尔克的强加息；二是汇率政策，标志性事件是《广场协议》和《卢浮宫协议》的出台；三是国内进行了一系列改革，即供给侧结构性改革。

自第二次世界大战结束以来，从国际货币体系变化和美元的走势来看，黄金价格在 1945—1971 年基本是固定的；1971 年黄金价格大幅度飙升，从 35 美元一盎司飙升到最高接近 800 美元一盎司。直到 1987 年这个锚找到以后，黄金价格基本稳定在 300—400 美元一盎司的水平。2005 年以后黄金价格一直在上升，2008 年美国发生了次贷危机，金价大幅升到 2000 美元一盎司，之后又回落到 1300—1400 美元一盎司。

简单总结一下布雷顿森林体系和金本位。在金本位体系下，货币是固定的，有多少黄金发多少货币，汇率也是固定的，但资本是自由流动的，笔者称之为"两固定，一自由"。布雷顿森林体系建立之后，美元与黄金挂钩，其他国家货币与美元挂钩，所以货币是固定的，汇率是固定的。同时，为了防止汇率波动对其他国家（如战后的德国和日本）的冲击，资本也不轻易流动了。这就从"两固定，一自由"体系转向"三固定"的体系。从 1987 年到现在，在目前的体系中，货币可以自由发行，汇率可以自由浮动，资本可以自由流动，从"两固定，一自由"到"三固定"，又转到"三自由"。对于资本市场和金融市场的创新而言，"三自由"体系带来了巨大的活力。

布雷顿森林体系的运行效果有以下三个方面：

第一，布雷顿森林体系的建立稳定了全球金融体系。金融体系稳定后，经济运行也趋于平稳，不再像之前那样大幅波动。

第二，全球贸易平稳增长。1948年，全球出口金额为514亿美元，而至布雷顿森林体系解体的1973年，出口金额增长至5210亿美元，25年间增长了9倍，复合增长率约为9.3%，且增速波动不大。

第三，股票市场处于相对稳健的上行周期。在此期间，美国、日本等主要工业国的股市也处于稳定上涨的上行周期中。

但是布雷顿森林体系存在一个根本性问题，即"特里芬难题"。美元与黄金挂钩，其他国家货币与美元挂钩。由于全世界经济增速比较快，美元的发行速度也需要支持美国经济增长，同时美国还有越战问题，最后导致美元超发。其他国家对美国出口换取美元，用美元可以固定汇率换黄金，而黄金增长较慢，所以美国的黄金储备越来越少，导致美国无法用黄金来支付等值的美元。1960年，美国的黄金储备仅相当于其他五个国家的储备总和。此时，伴随美元的风险，全球经济经历了一系列的痛苦调整。

最早出问题的国家是英国，1967年英镑贬值，进入"双层金价"时期。1971年布雷顿森林体系开始系统性崩塌，美国签订《史密斯协定》，美元贬值8%。同年8月13日，美国宣布关闭黄金窗口，金价自由浮动，从35美元一盎司飙升到100—200美元，最高时达到800美元。1973年IMF宣布取消固定汇率，布雷顿森林体系正式终结。

布雷顿森林体系的解体，产生了以下四个方面的影响：

第一，汇率的锚开始动摇，大幅震荡。从美元指数来看，1971年布雷顿森林体系崩塌之后，美元开始贬值；1980年美国通胀高起，沃尔克推行紧缩政策，此时美元指数一直上升，从80拉升到160；1985年，《广场协议》签订，美元兑日元、马克明显贬值；1987年，《卢浮宫协议》签订，美元贬值过程完成，从160下跌到80，之后美元开始企稳。

第二，主要国家经济增长下台阶。从日本和英国的情况来看，第二次世界大战之后到1971年之前，日本GDP增长速度在8%左右，英国GDP增长速度（红线）在3%左右。1973年之后，日本和英国的经济增长速度没有差别。可见，货币体系是全世界经济和金融的生态问题。生态问题一旦恶化，没有一个国家可以独善其身。

第三，全球通胀大幅攀升，全球通胀预期的锚也开始动摇。从五个国家的CPI来看，1971年之前这五国的CPI相对较低，布雷顿森林体系崩塌之后，英国CPI接近25%，日本是23%。

第四，全球股市陷入长时间的低迷状态。

在此之后，就是汇率的再平衡。《广场协议》促进了金融自由化和汇率弹性化。金融自由化就是资本流动，汇率弹性化就是浮动汇率。体系从原来的"三固定"走向"三自由"，推动市场开放、贸易开放，遏制贸易保护主义。这对于20世纪90年代经济繁荣的开启是非常重要的。

《广场协议》并没有从根本上解决问题，于是开始《卢浮宫协议》的谈判。随着《卢浮宫协议》的签订，1987年之后，全世界的汇率基本走向稳定，全球货币体系逐渐实现再平衡。

1987年之后，日本经济泡沫破灭以后长期低迷，这是不是日本签署《广场协议》造成的？笔者认为《广场协议》的签署不是主要原因，不应该把分析的着眼点只放在这上面。

我们可以对比德国马克兑美元汇率，以及日元兑美元汇率。德国也签订了《广场协议》，德国马克的升值幅度与日元几乎一样，如果说《广场协议》是致命毒药，德国经济也必将一蹶不振。1990年之后，日本经济越来越差，但德国经济越来越好。为什么德国经济没有受到重创？当然是因为德国在应对《广场协议》的情况时采取了一系列有效的措施，而日本在某些方面的政策选择可能不如德国恰当。

从通胀预期的再平衡来看，美国在1980年3月通胀率一度攀升至14.8%的高位。为了对抗严重的高通胀，沃尔克从1980年下半年开始，在短短5个月内紧缩货币供给，连续加息，使得联邦基金利率从9.5%飙升至

20%，进而有效抑制了高通胀。1983 年 7 月，通胀率大幅回落至 2.5% 的低点。抑制高通胀的代价是牺牲美国的经济增长，之后美国经济增长的恢复有赖于里根政府推行的一系列改革。

汇率和通胀预期的锚定与再平衡，使得美国经济进入所谓的高增长、低通胀环境，有学者称之为"大缓和"时期（Great Moderation）。

法国人 Blanchard 曾任 IMF 首席经济学家，他认为一系列的有效政策包括货币政策，使得通胀稳定且处于低水平，增长相对较好且处于稳健水平，全世界发达国家的经济都处于 Great Moderation。他甚至认为宏观经济学的主要理论问题都解决了，仅剩下工程学问题。这种观点是相当短视的。2008 年全球金融危机爆发，大家开始反思为什么宏观经济学家对此没有预见性。

1987 年以后，美国 10 年期国债利率震荡下行，德国的国债利率也是如此，震荡下行状态一直持续到 2020 年 4 月。2020 年 4 月，美国 10 年期国债最低收益率降至 0.7%。但自 2021 年以来，尤其是 2022 年以来，美国 10 年期国债收益率大幅度抬升，2025 年 5 月达到 4.6%。我们认为 2020 年 4 月的 0.7% 应该是历史低点。

从资本市场来看，1987 年以后，全球股市重新迎来繁荣，这个超级繁荣持续了很长时间。

5. 全球货币体系再寻锚的必要性和紧迫性

全球货币体系需要再寻锚。为什么要再寻锚？为什么其具有必要性和迫切性？2008 年全球金融危机出现的时候，我们就开始思考这个问题。2020 年新冠疫情暴发，一些国家把自己的政策用到极致，没有充分考虑全球外部性。自俄乌冲突以来，一些国家把自己的货币政策变成武器，促使学术界、政策界和市场界人士进一步思考全球货币的体系问题。

第一，全球增长乏力。IMF 在 2024 年 4 月召开的春季年会上，把全球 GDP 增长速度系统性下调。2008 年金融危机以后，全世界经济长期低迷；

2012年欧元区爆发欧债危机；2015年、2018年和2019年，部分新兴市场国家都出现经济危机；2020年暴发的新冠疫情对全球的冲击是深刻而全面的，几乎所有国家都遭受冲击。在这种背景下，中国成为全球主要经济体中唯一实现GDP正增长的国家。

第二，政策效用递减。自2008年以来，各国实施的量化宽松、财政赤字等政策，对于稳定资本市场、稳定经济起到积极作用。然而，这些政策在其反复使用中已达到边际效用递减状态。在2020年之前，一些国家出现了负利率，这表明货币政策的效果受到了限制。

第三，难以提供稳定的通胀预期。这包括两个方面：其一，2019年之前一些国家的利率非常低，甚至出现了负利率的情况。负利率、零利率对应的CPI也是零或负，这对经济增长不利，因为在这种情况下，货币政策工具不起作用，银行受到较大冲击。其二，通胀上升太快、太低、太高都不好。2022年6月10日，美国劳工统计局公布数据显示，美国CPI同比上涨8.6%，这一较高的通胀对经济构成了挑战。

全球货币体系的新锚需要在更根本、更长远的视角上思考。

到目前为止，对于寻找全球货币体系新锚的探讨，基本没有脱离货币汇率的范畴。这包括了美元与欧元等主要货币的竞争，提升包含人民币在内的新兴国家货币的话语权，以及改革IMF的SDR机制等。这些基于货币汇率范畴的建议和探索无疑是有价值的。然而，要深入理解问题的本质，我们需要研究更深层次的问题。

笔者认为，寻找全球货币体系的新锚需要从更高的角度出发，以更长远的眼光跳出货币汇率的局限。

寻找全球货币体系的新锚必须基于以下两个重要原则：

第一个原则：只有深刻理解全球货币锚的本质作用，才能找到问题的根本理论解。我们认为其有两个方面的本质作用：一是稳定长期通胀预期，二是支持和引导人类社会朝着长期可持续发展的方向迈进。

第二个原则：只有善于利用全球货币锚的积极作用，才能找到问题的实际应用解。对于选择大宗原材料和黄金作为通胀对冲工具的有效性，存在不同的观点和研究结果。一些分析认为它们是顺周期的，不但不能对冲通胀，而且会抬高通胀。

我们认为新锚必须是基于数字化和低碳化为主的科技创新和工业革命，这样的科技创新和工业革命本身自带通缩，带来通缩的根本性原因在于摩尔定律。

摩尔定律的核心内容是：集成电路上可以容纳的晶体管数目大约每18个月会增加一倍，但价格会下降一半。摩尔定律在计算机方面的应用效果非常明显，科技创新带来了巨大的通缩作用。为什么在锚的设计过程中不善用科技创新呢？有了科技创新才能长期对冲通胀，才能把通胀数据拉到稳定状态。

我们知道，在当下和未来的生活消费中，电子产品的比重越来越高，而食品的比重越来越低。如果把消费质量算进去，随着社会的进步，通缩现象将变得普遍，而且大量的通缩现象恰恰是人类社会进步的表征。应该善用这些通缩现象，以此来对冲通胀，从而实现一种自我调节的负反馈机制。

未来社会的长期可持续发展有赖于科技创新，尤其在数字化和低碳化方向。在当前及未来相当长的时间内，数字化是科技创新最重要的领域，而数字化将持续给现代社会的方方面面带来巨大的变革。

同时，能源在人类社会发展中仍扮演着极其重要的角色。气候变化确实是我们这个时代最严峻的全球性挑战之一。因此，在我们设想的货币体系中，低碳的绿色能源技术也将占据一席之地。这与将体系构建在传统能源上的提议有着根本性差异，甚至是相反的。

此外，生物医药、核能、航空航天、新材料、农业等技术与人类的发展方向密切相关，它们在新的体系中都应占据一席之地。

以大宗商品为锚将是历史的倒退。如果以大宗商品为锚，将鼓励人类社会回到老路上，阻碍科技创新，维持旧发展模式，将使人类社会落入马尔萨斯陷阱（Malthus Trap）。马尔萨斯认为，人口增长呈几何级数，而生存资源增长仅为算术级数，多增加的人口总是要以某种方式被消灭，人口不能超越资源的承载能力。虽然战争、饥荒和瘟疫等手段可以对抗通胀，但无疑是极其悲惨的。

1970年，在全世界出现滞胀时，知名智库罗马俱乐部发布了一个关于增长极限的重要报告，该报告实质上就是马尔萨斯理论的1970年版本。如今回过头看，报告中提出的很多建议是荒唐的，对经济增长和能源价格的判定都是错误的，因为其没有充分考虑科技创新。人类社会进步的过程就是打破马尔萨斯陷阱的过程。

关于全球货币寻锚的演进过程，我们认为是这样的：

第一锚：一极主导、一币挂金、体系创设、资本控制、汇率固定、货币固定。这就是美国主导、美元与黄金挂钩创设的布雷顿森林体系。在布雷顿森林体系下，资本流动是受控制的，汇率是固定的，货币也是固定的。

第二锚：一极主持、多币无金、体系弱化、资本流动、汇率浮动、货币变动。这是布雷顿森林体系2.0版。

对于第三锚我们的展望是：科技创新、产业进步、通胀对冲、资本流动、汇率浮动、货币股权。货币的角色将经历从固定货币到变动货币再到股权货币的转变。股权货币理论已在国家资本结构的框架内提出，该理论的提出者也得到了孙冶方经济科学基金会的表彰。我们认为，货币发多少，应该按照国家股权、国家资本结构来设计，应该为国家发展提供足够融资。如果有足够好的投资项目，货币可以根据融资需要相应多发，但多发不是超发。如果没有好的投资项目，没有融资需要，增发货币就有问题了。当然股权货币包括货币和以本币计价的国债。

2020年前后，市场上有人开始推崇现代货币理论（MMT）。现代货币理论有很多错误，最主要的错误是认为一个国家发行的国债就是居民或者企业的资产，资产越多越好。这个理论的根本错误在哪里呢？从国家股权角度来看，如果新融资本的投资项目不够好，就会产生对原始股权的稀释，股价下跌，对应的就是通胀。美元正在面临巨大的稀释成本，这是如今全球面临的巨大挑战。

6. 现有全球货币供给体系

（1）美元强权霸主地位

1792年，美元在美国的13个殖民地成为官方货币。当时的美国只是一个拥有400万人的国家。发展到19世纪末，它已变成世界上最强大的国家。1914年第一次世界大战爆发时，美国的经济规模超过了英国、德国和法国三国的总和，这使得美元的地位日益突出。战争期间，欧洲国家的黄金流入美国购买战争用品。美国联邦储备银行将这些黄金作为法定货币导致通货膨胀。在1914—1920年，美国的价格水平翻了近一倍。为了应对通货膨胀，美国联邦储备银行采取措施，试图使价格恢复到原来的水平。接下来便是一段通货紧缩时期，价格水平在1920年一年内便从200美元降到140美元，下降了30%，这是美国历史上最大的通货紧缩。金本位体系的35年是自由资本主义繁荣昌盛的"黄金时代"，固定汇率制可保障国际贸易和信贷安全，方便生产成本核算，避免了国际投资风险。在一定程度上，它推动了国际贸易和国际投资的发展。然而，严格的固定汇率制使各国难以根据本国经济发展的需要执行有利的货币政策，经济增长受到较大制约。第二次世界大战期间，国际货币体系陷入混乱。为了解决这种混乱的状况，1943年，美国财政部官员怀特和英国财政部顾问凯恩斯分别从本国利益出发，提出了两个不同的国际货币金融体系计划，即"怀特计划"和"凯恩斯计划"。

"怀特计划"主张取消外汇管制和各国对国际资金转移的限制，设立一个国际货币稳定基金组织（IMF）发行一种国际货币——"尤尼它"（Unita），使各国货币与之保持固定比价，也就是基金货币与美元和黄金挂钩。根据这一计划，会员国货币都要与"尤尼它"保持固定比价，不经"基金"会员国3/4的投票权通过，会员国的货币不得贬值。而"凯恩斯计划"则从当时英国黄金储备缺乏出发，主张建立一个世界性中央银行，将各国的债权、债务通过它的存款账户转账进行清算。

第二次世界大战末期，意大利已经投降，德国在东线转为战略防御，日本已经失去在太平洋地区进行大规模战役的能力，它们的国内经济更是接近崩溃。同时，英国和法国在战争中也遭受了严重的经济破坏，苏联的情况也同样严峻，其三个五年计划因法西斯纳粹德国的侵略而未能完成。唯有美国在战争中发了财，经济得到空前发展。黄金源源不断地流入美国，1945年美国国民生产总值占全部资本主义国家国民生产总值的60%，美国的黄金储备也从1938年的145.1亿美元增加到1945年的200.8亿美元，约占世界黄金储备的59%，相当于整个资本主义世界黄金储备的3/4，这使它成了资本主义世界的"盟主"。在这种形势下，第二次世界大战后形成了以美元为中心的国际货币体系。

1944年7月，在第二次世界大战即将结束的前夕，44个同盟国在英国和美国的组织下，聚集在美国新罕布什尔州（New Hampshire）的布雷顿森林村（Bretton Woods）的一家旅馆中，召开了730人参加的联合和联盟国家国际货币金融会议。会议通过了以美国财长助理怀特提出的"怀特计划"为基础的《国际货币基金协定》和《国际复兴开发银行协定》（这两份"协定"总称"布雷顿森林协定"），从此开始了布雷顿森林体系。

美元在国际货币体系中的霸主地位给美国带来了巨大的利益。

首先，美国能够以美元计价向全球借款，这种借款方式实际上允许美国通过增加货币供应来调整债务负担，即造成美元贬值。这样的贬值不仅减轻了美国的外债负担，还促进了出口，改善了国际收支状况。同时，由于当时美国经济实力雄厚，投资环境比较稳定，在美投资能带来较多利润，因此许多人都想在美投资。而大量流通性美元资金的到来，降低了美国的利率，从而降低了财政赤字，成本得到压缩。另外，在通常情况下，当一个国家的国际收支出现逆差时，一般要进行经济政策的调整。而美国却不必这样做，因为美元是国际货币。当美国出现外贸逆差时，美国政府可通过印刷美元来弥补赤字，维持国民经济的平衡，将通胀风险分散给其他国家。这正是战后的美国虽经历了数十年的高额财政赤字却依然能保持经济状况稳定的主要原因。此外，还可以使美国获得巨额的铸币税。铸币税原是中世纪西欧各国对送交铸币厂用以铸造货币的金、银等贵金属所征的税。在现代，它指的是政府发行货币取得的利润（等于铸币币面价值与铸币金属币价的差额）。随着金本位制度的结束，以纸币为基础的信用本位取代了金本位，美元代行国际货币职能，给美国带来了巨大利益。当一张毫无价值可言的纸币被国家印制出来时，铸币税就等于这张纸币所能购买到的社会产品价值，中间的差额即为美国的"铸币税"。

根据美国国家安全局1994年公布的信息可知，全世界美元流通量为3500亿元，1/3在美国境内流通，2/3在国外流通。纽约联储局报告称，到了2002年末，在市面流通的6200亿美元货币中，有55%—60%，即3400亿—3700亿美元是在美国以外地区流通的。根据联邦储备体系最近的估计，在所有流通的美元中，大约2/3为美国境外持有，全世界流通的美元总额接近7000亿美元。仅在1989—1996年3月，流到俄罗斯和阿根廷的美元就分别达到440亿和350亿美元。美国印制一张1美元钞票的材料费和人工费只需0.03美元，却能买到价值1美元的商品。每年美国大约能从这种机制中得到250亿美元的巨额收益，自第二次世界大战以来的累计收益估计达到了2万亿美元左右。

在1934—1971年，美国经历了多次通货膨胀，包括第二次世界大战时期的通货膨胀、第二次世界大战后的通货膨胀、朝鲜战争和越南战争时期的通货膨胀，以及两次通货膨胀期间的另一轮通货膨胀。这些通货膨胀导致美国价格水平在这段时间上涨了2倍。尽管如此，美国依靠其雄厚的经济实力和黄金储备保持黄金的美元比价不变，高估美元，低估黄金。这导致各国央行开始储备黄金，将手中的美元兑换成黄金以增加储备。1948年，美国拥有全世界70%的货币性黄金储量，也就是7亿盎司。而随着日本和西欧的经济复苏和迅速发展，美国的霸权地位不断下降，美元的超值供应加剧了黄金供求状况的恶化。在20世纪五六十年代，美国为发展国内经济及应对越南战争造成的国际收支逆差，又不断增加货币发行，使美元远远低于金平价，使黄金官价逐渐成为买方一厢情愿的价格。欧洲由于越南战争产生了一股反美情绪，法国带头把所有的顺差以黄金的形式进行储备。于是美国的黄金储备从1948年的7亿盎司降到1970年的2.5亿盎司，近2/3的黄金储备流失，进一步增加了美元的超额供应和对黄金的超额需求。加之国际市场上的投机者抓住固定汇率制的瓦解趋势推波助澜，大肆借美元对黄金下赌注，导致固定汇率制彻底崩溃。1971年出现了"美元危机"，20世纪六七十年代，类似的美元危机爆发了11次之多。尽管美国政府为挽救美元采取了许多应急措施，却都未奏效。美国经济衰退、资本大量流失、美元在全世界泛滥成灾。最终美国黄金储备面临枯竭的危机，不得不放弃美元金本位，美元失去了其等同黄金的特殊地位。

美元得以保持稳定应归因于几个因素：零通胀增长、美国资产市场的安全避风港性质，以及其他货币如欧元，所面临的风险。

（2）美联储

美国联邦储备系统，即美联储，是美国的一家私有中央银行，负责履行美国的中央银行的职责。这个系统是根据《联邦储备法》（*Federal Reserve Act*）于1913年12月23日成立的。美联储的核心管理机构是美国联邦储备委员会。美联储是美国联邦债务的最大持有者，对股东构成严守秘密，2020年净利润达888亿美元。

美国联邦储备系统由位于华盛顿特区的联邦储备委员会和12家分布于全国主要城市的地区性的联邦储备银行组成。作为美国的中央银行，美联储从美国国会获得权力，行使制定货币政策和对美国金融机构进行监管等职责。与其他国家的中央银行相比，美联储作为美国的中央银行诞生得比较晚。历史上，美国曾多次试图成立一个像美联储这样的中央银行，但因为议员及总统担心央行权力过大，或央行会被少数利益集团绑架而没有成功。这种担心主要是由美国的国家形态所决定的。建国之初，美国是由独立的州以联邦的形式组成的松散组织,大部分的行政权力集中在州政府,而非联邦政府。因此,成立中央银行这样一个联邦机构的想法会引起各州的警觉,他们担心联邦政府想以此为名来扩大自己的权力范围。

(3)国际资金清算系统(SWIFE)

SWIFT 由环球同业银行金融电讯协会管理的全球性金融通信网络 SWIFT 的使用,为银行的结算提供了安全、可靠、快捷、标准化、自动化的通信业务,从而大大提高了银行的结算速度。由于 SWIFT 的格式具有标准化特点,信用证的格式主要采用 SWIFT 电文。

SWIFT 信用证是指,通过 SWIFT 系统开立或予以通知的信用证。在国际贸易结算中,SWIFT 信用证是正式的、合法的,是被信用证各当事人接受的,是国际通用的信用证。采用 SWIFT 信用证必须遵守 SWIFT 的规定,也必须使用 SWIFT 手册规定的代号(Tag),而且信用证必须遵循国际商会 2007 年修订的《跟单信用证统一惯例》的各项条款。SWIFT 信用证可省去开证行的承诺条款(Undertaking Clause),但不因此免除银行所应承担的义务。SWIFT 信用证的特点是快速、准确、简明、可靠。

1973 年 5 月,来自美国、加拿大和欧洲的 15 个国家的 239 家银行宣布正式成立 SWIFT,其总部设在比利时的布鲁塞尔。它是为了解决各国金融通信不能适应国际支付清算的快速增长而设立的非营利性组织。SWIFT 网络于 1974 年开始设计,1977 年夏完成各项建设和开发工作,并正式投入运营。

该组织创立之后,其成员银行数逐年增加。从 1987 年开始,非银行的金融机构,包括经纪人、投资公司、证券公司和证券交易所等,也开始使用 SWIFT。目前,该网络已遍布全球 206 个国家和地区的 8000 多家金融机构,提供金融行业安全报文传输服务与相关接口软件,支援 80 多个国家和地区的实时支付清算系统。中国的中国银行于 1983 年加入 SWIFT,是 SWIFT 组织的第 1034 家成员行,并于 1985 年 5 月正式开通使用,这是中国与国际金融标准接轨的重要里程碑。之后，中国的其他国有商业银行及上海和深圳的证券交易所也先后加入SWIFT。

进入20世纪90年代后，除国有商业银行外，中国所有可以办理国际银行业务的外资和侨资银行以及地方性银行纷纷加入SWIFT。SWIFT的使用也从总行逐步扩展到分行。1995年，SWIFT分别在北京电报大楼和上海长话大楼设立了SWIFT访问点SAP（SWIFT Access Point），它们分别与新加坡和中国香港的SWIFT区域处理中心主节点连接，为用户提供自动路由选择。为更好地服务亚太地区用户，SWIFT于1994年在中国香港设立了除美国和荷兰外的第三个支持中心，这样一来，中国用户就可得到SWIFT支持中心讲中文的员工的技术服务。SWIFT还在全球17个地点设有办事处，其2000名专业人员来自55个国家，其中包括1999年成立的北京办事处。

SWIFT提供全世界金融数据传输、文件传输、直通处理STP（Straight-Through Processing）、撮合、清算和净额支付服务、操作信息服务、软件服务、认证技术服务、客户培训和24小时技术支持。

SWIFT自投入运行以来，以其高效、可靠、低廉和完善的服务，在促进世界贸易的发展，加速全球范围内的货币流通和国际金融结算，促进国际金融业务的现代化和规范化方面发挥了积极的作用。

SWIFT的设计能力是每天传输1100万条电文，目前每日传送约500万条电文，涉及的资金以万亿美元计，它依靠的便是其提供的240种以上电文标准。SWIFT的电文标准格式，已经成为国际银行间数据交换的标准语言。这里用于区分各家银行的代码，就是SWIFT Code，依靠SWIFT Code便会将相应的款项准确地汇入指定的银行。

SWIFT Code是由该协会提出并被ISO通过的银行识别代码，其原名是BIC（Bank Identifier Code）。但是BIC意思太泛，因担心被理解成其他银行的识别代码系统，大家便约定俗成地把BIC称作SWIFT Code。

2022年2月26日，美国白宫发表声明，为应对俄罗斯在乌克兰境内采取军事行动，美国与欧盟委员会、德国、法国、英国、意大利、加拿大领导人决定将部分俄罗斯银行排除在SWIFT支付系统外，并对俄罗斯央行实施限制措施，以防其部署国际储备削弱制裁措施造成的影响。此举标志着西方国家加大了制裁俄罗斯的力度，旨在打击俄罗斯经济。

2022年3月2日，俄新社报道，欧盟决定将7家俄罗斯银行排除在SWIFT支付系统外。

2022年5月30日，欧盟国家领导人同意其针对俄罗斯的第六套制裁方案将包括一项措施，即将俄罗斯联邦储蓄银行（Sberbank）排除在SWIFT支付系统外。

7. 通证与数字货币有什么区别

通证与数字货币在多个方面存在显著的区别。通证是一种权益证明，数字货币是一种加密数字资产。通证一般与资产、商品、服务等现实世界中的某种价值有直接关联。数字货币并非拥有资产、商品或服务等作支撑，是一种虚拟资产、一种数据符号。通证是一种以区块链技术为核心的加密数字资产，加密数字货币并不能完全归类于通证，然而有资产、商品、服务等作支撑的加密数字资产就可以定义为通证。

首先，从定义来看，通证是一种权益的象征，通常表现为一种令牌或代币，它是对用户进行授权的小工具，或是认证用户身份的固定字符串。在区块链领域，通证常被用来表示权益的某种状态变量，并可以在区块链内不同地址之间转让。数字货币则是一种基于密码学和区块链技术的电子货币，不是由中央机构发行和管理，而是通过去中心化的网络进行交易和验证。

其次，两者在特性和应用上也有所不同。通证主要是用来表示和转让权益，具有权益证明和使用的功能，并非主要用于投资或炒作。而数字货币则具有去中心化、匿名性、安全性和便捷性等特点，它可以作为支付手段，类似于黄金的作用，在跨境支付等方面具有优势。然而，由于数字货币的价格受到多种因素影响，其作为价值衡量手段的作用尚未稳固确立。

最后，从监管的角度来看，由于通证和数字货币都涉及权益的转移和价值的交换，因此都需要受到相应的监管。然而，由于数字货币的匿名性和去中心化特性，更容易被用于非法活动，如洗钱和非法交易，因此受到了更为严格的监管。

提到数字货币不得不说一下稳定币。稳定币是一种特殊的加密数字货币，它是以现实世界中，某特定主权国家的法定货币为锚定，1∶1锚定发行，是一种法定货币数字化商业应用形式，其主要目的是克服其他加密数字货币市场价格波动大的问题，方便特定国家用户参与加密数字货币交易的便利手段。由于它并没有国家主权属性，是一种完全靠企业信用背书的商业化行为，故而它与法定数字货币存在一定差异，但也属于通证的定义范畴。

8. 未来的全球货币供给体系

（1）国家法定数字货币体系

目前，有50多个国家在研究或试点法定数字货币。所谓法定数字货币是一种由中央银行发行和监管的数字化法定货币。它基于央行的信用发行，是代表具体金额的加密数字串，以国家信用作背书，作为纸币的数字化形式，承担货币的市场流转义务，具有主权性、法偿性等法定货币基本特征。

法定数字货币使用分布式账本技术，即区块链技术，使其具备了更高的安全性、便捷性和可追溯性。同时，法定数字货币还具有匿名可控的特点，能够有效保护个人隐私。例如，中国人民银行正在进行封闭测试的央行数字货币（CBDC）就是一种由中央银行发行的数字货币。

①中国版 CBDC

中国版 CBDC 被描述为数字人民币，是由人民银行发行，由指定运营机构参与运营并向公众兑换，以广义账户体系为基础，支持银行账户松耦合功能，与纸钞和硬币等价，并具有价值特征和法偿性的可控匿名的支付工具。

而我们所说的 DCEP 是中国版的央行数字货币，译为"数字货币和电子支付工具"。

国际清算中心（BIS）与支付和市场基础设施委员会（CPMI）两个权威国际组织联手于 2018 年和 2019 年对全球 60 多家中央银行进行了两次问卷调查，调查内容包括各国央行在数字货币上的工作进展、研究数字货币的动机，以及发行数字货币的可能性。70% 的央行都表示正在参与（或将要参与）数字货币的研究。

央行数字货币是经国务院批准计划发行的法定数字货币，央行在组织市场机构从事央行数字货币研发相应工作。

2019 年 8 月 21 日，央行微信公众号发布了两篇有关数字货币的文章。

2019 年 12 月，中国人民银行行长易纲表示，中国人民银行从 2014 年就开始研究数字货币，已取得了积极进展。人民银行把数字货币与电子支付工具结合起来，将推出一揽子计划，目标是替代一部分现金。

国家法定数字货币发展历史：

2014 年，中国人民银行成立专门的研究团队，对数字货币的发行和业务运行框架、数字货币的关键技术、发行流通环境、面临的法律问题等进行深入研究。

2017 年 1 月，中国人民银行在深圳正式成立数字货币研究所。

2018 年 9 月，数字货币研究所搭建了贸易金融区块链平台。

2019 年 7 月 8 日，在数字金融开放研究计划启动仪式暨首届学术研讨会上，中国人民银行研究局局长王信透露，国务院已正式批准中国人民银行数字货币的研发，中国人民银行正在组织市场机构从事相应工作。

2019年8月2日，中国人民银行在2019年下半年工作电视会议上表示将加快推进法定数字货币的研发步伐。8月10日，中国人民银行支付结算司副司长穆长春在中国金融四十人伊春论坛上表示，"央行数字货币可以说是呼之欲出了"。8月18日，中共中央、国务院发布了关于支持深圳建设中国特色社会主义先行示范区的意见，其中提到支持在深圳开展数字货币研究等创新应用。图3-1展示了数字人民币一行、二库、三中心的发行架构。

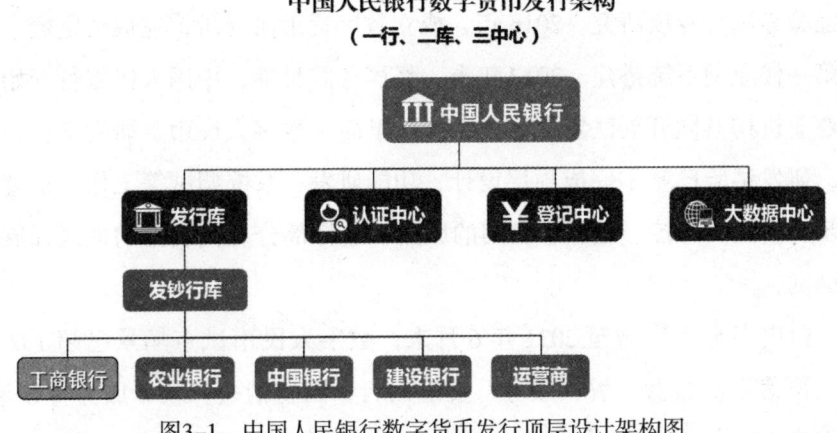

图3-1　中国人民银行数字货币发行顶层设计架构图

2020年4月14日晚，网络上流传着一张中国人民银行数字货币在农行账户内测的照片。据称，苏州相城区是中国人民银行数字货币（DCEP）的重要试点地区。

2020年4月17日晚，中国人民银行数字货币研究所就中国人民银行数字货币内测一事作出最新回应。中国人民银行数字货币研究所称，当前网传DCEP信息为技术研发过程中的测试内容，并不意味着数字人民币正式落地发行。

2020年4月22日，雄安新区管理委员会改革发展局组织召开了法定数字人民币（DCEP）试点推介会，19家拟参与落地应用的试点单位参会。

2021年7月16日,中国人民银行数字人民币研发工作组发布《中国数字人民币的研发进展》白皮书。白皮书明确,数字人民币是中国人民银行发行的法定货币,主要定位于现金类支付凭证,将与实物人民币长期并存。

中国人民银行有关负责人表示,随着网络技术和数字经济的蓬勃发展,社会公众对零售支付便捷性、安全性、普惠性、隐私性等方面的需求日益提高。不少国家和地区的中央银行或货币当局紧密跟踪金融科技发展成果,积极探索法定货币的数字化形态,法定数字货币正从理论走向现实。

中国人民银行高度重视法定数字货币的研究开发。2014年,成立法定数字货币研究小组,开始对发行框架、关键技术、发行流通环境及相关国际经验等进行专项研究。2016年,成立数字货币研究所,完成法定数字货币第一代原型系统搭建。2017年末,经国务院批准,中国人民银行开始组织商业机构共同开展法定数字货币(以下简称数字人民币)研发试验。目前,研发试验已基本完成顶层设计、功能研发、系统调试等工作,正遵循稳步、安全、可控、创新、实用的原则,选择部分有代表性的地区开展试点测试。

白皮书显示,截至2021年6月末,数字人民币试点场景已超132万个,覆盖生活缴费、餐饮服务、交通出行、购物消费、政务服务等领域。开立个人钱包2087万余个、对公钱包351万余个,累计交易笔数7075万余笔、金额约345亿元。图3-2展示了法定数字货币支付结算流程。

白皮书指出,中国研发数字人民币体系,主要用于满足公众对数字形态现金的需求,配以支持零售支付领域可靠稳健、快速高效、持续创新、开放竞争的金融基础设施,支撑中国数字经济发展,提高普惠金融发展水平,提高货币及支付体系运行效率。

中国人民银行将按照"十四五"规划部署,继续稳妥推进数字人民币研发试点,不预设推出时间表,研究完善相关制度规则,加强重大问题研究,深化法定数字货币对货币政策、金融体系、金融稳定深层影响的研究评估,为数字人民币研发打下良好的理论政策基础和应用前景。

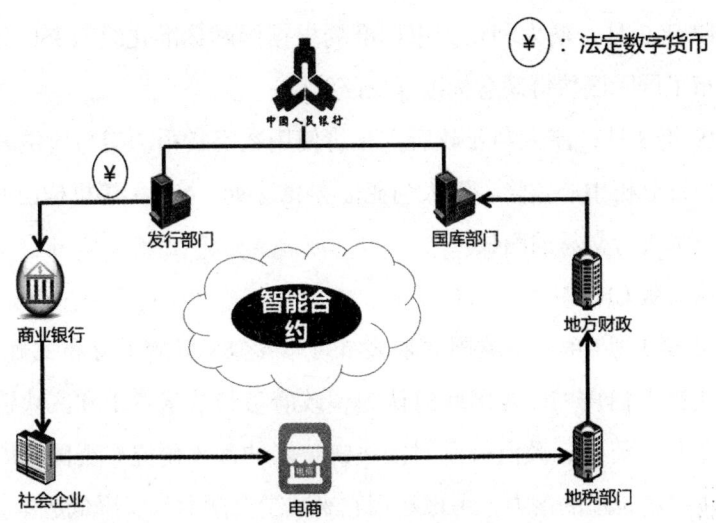

图3-2 法定数字货币支付结算流程图

②美国版 CBDC

2020年初,美国数字美元基金会启动了数字美元计划,并鼓励业内专家对数字美元的潜在优势进行研究和公开讨论,同时开始商讨建立本国央行数字货币可能采取的实际操作框架及步骤。曾于2017年被搁置的美联储 Fedcoin 计划再次被提出。Fedcoin 是一种零售型央行数字货币,可与美元进行等价兑换。

③新加坡版 CBDC

2020年5月,新加坡金融管理局(MAS)与加拿大银行联合开展了一项使用央行数字货币进行跨境跨币种支付的实验。这项实验将两国各自的数字货币项目——Jasper 项目和 Ubin 项目联合到一起。这两个项目分别建立在两个不同的分布式账本技术上。通过这项实验,两家中央银行之间的交易往来将使用 CBDC 进行支付结算,解决了跨境支付缓慢而昂贵、风险不易控、结算烦琐的问题。

④澳大利亚

澳大利亚比较注重区块链技术的应用与标准的制定。

2016年4月,澳大利亚标准局呼吁制定全球 ISO 区块链标准。

2017年3月，澳大利亚国家标准局根据国际标准化组织ISO分配的任务，发布了国际区块链观念标准开发路线图。

2019年8月，澳大利亚政府宣布将使用数字货币。交易所纳入澳大利亚交易数据分析中心监管，澳大利亚证券交易所（ASX）等机构已开始使用区块链技术进行交易的测试。

⑤英国版CBDC

2016年1月19日，英国政府发布了长达88页的《分布式账本技术：超越区块链》白皮书。英国政府认为，政府参与数字货币和区块链网络的立法是非常重要的，政府鼓励对区块链技术的深入研究。英国政府正在积极评估区块链技术的潜力，考虑运用它来减少金融欺诈，降低成本。

2016年3月，欧洲央行（ECB）在《欧元体系的愿景——欧洲金融市场基础设施的未来》这个咨询报告中公开宣布，正在探索如何使用区块链技术为己所用。

英国央行英格兰银行在其关于CBDC的研究报告中给出这样的定义：中央银行数字货币是中央银行货币的电子形式，家庭和企业都可以使用它来进行付款和储值。

⑥瑞典版CBDC

2017年，瑞典央行开始启动e-krona项目。目前瑞典央行还未明确表示将发行e-krona，但鉴于瑞典国内无现金化趋势已经越来越明显，为解决目前瑞典的支付问题，我们完全能够窥见其对开发数字货币的积极态度。

⑦印度版CBDC

2022年2月1日，印度财政部部长尼尔马拉·西塔拉姆（Nirmala Sitharaman）在她的预算演讲中表示，印度计划在4月开始的2023财年推出央行数字货币（CBDC）。

⑧厄瓜多尔

2015年2月厄瓜多尔推出一种新的加密支付系统和基于这个系统的厄瓜多尔币，这是全球早期的央行数字货币尝试之一。只有符合条件的厄瓜多尔居民有权使用厄瓜多尔币，市民可以使用厄瓜多尔币在超市、商场、银行等场所完成支付。

厄瓜多尔币受到央行的直接监管，并维持汇率的稳定，被认为是厄瓜多尔国"去美元化"进程的举措之一。在推出之时，项目负责人预估在2015年最多可能有50万人加入该系统。但是，厄瓜多尔币并没有得以推行开来。在运行后的一年时间里，厄瓜多尔币的流通量仅约占整个经济体的货币量的0.0003%。未得到大众认可的厄瓜多尔币在2018年4月宣告停止运行。

⑨委内瑞拉

委内瑞拉在2018年2月宣布发售石油币（Petro），石油币的价值与油价挂钩，发行参考价为60美元，发行量为1亿美元。委内瑞拉政府希望石油币能够帮助委内瑞拉完成经济转型，缓解国内严重的通货膨胀。尽管政府宣称通过石油币募集了60亿美元，然而关于石油币的公开信息却少之又少，也没有在公开市场上交易。这导致许多人将其视为一次国家级的资金骗局。

各国发行数字货币的现实意义是什么呢？

央行货币的数字化有助于优化央行货币支付功能，提高央行的货币地位和货币政策的有效性。央行数字货币既可以成为一种计息资产，满足持有者对安全资产的储备需求，也可以成为银行存款利率的下限，还可以成为新的货币政策工具。同时，央行可以通过调整央行数字货币利率，影响银行存贷款利率，也有助于打破零利率下限。从经济学的角度来看，CBDC主要解决的问题有三个：消除现金非法交易和洗钱活动，实行负利率成为可能，"直升机撒钱"成为可能。

截至2019年12月，已有诸多国家在CBDC研发上取得实质性进展或有意发行CBDC，包括法国、瑞典、沙特、泰国、土耳其、巴哈马、巴巴多斯、乌拉圭等。多方研究显示，全球多个国家央行已在数字货币研发上取得进展，CBDC将破茧而出。

9. 全球商业数字货币体系

商业数字货币体系是一个广泛的概念，它涵盖多种形式的数字货币，这些货币在商业活动中被广泛应用。

比特币就是其中的一种，它是一种去中心化、全球性的数字货币，它不依赖于特定的中央机构来发行和管理，而是通过密码学和去中心化网络来确保交易的安全性和匿名性。比特币的出现引发了数字货币的热潮，并推动了区块链技术的发展。

商业代币是该体系的另一重要组成部分。代币通常代表着特定的权益、商品或服务，可以在商业环境中作为交易媒介使用。它们具有价值表达、可替代性和交易媒介等特点，使得商业活动更加便捷和高效。通过使用代币，商家和消费者可以方便地进行跨境支付，降低交易成本，并享受更高的交易速度和灵活性。

然而，全球商业数字货币体系远不止于此。随着技术的发展和应用场景的拓展，越来越多的数字货币形式涌现出来。这些数字货币可能由企业、组织或政府发行，具有不同的特点和用途。它们共同构成了全球商业数字货币体系的多元化和丰富性。

需要注意的是，全球商业数字货币体系的发展仍处于不断探索和完善中。各国政府和监管机构正在加强对数字货币的监管和规范，以确保其合法、安全以及稳定地运行。同时，随着技术的不断进步和应用场景的不断拓展，全球商业数字货币体系也将不断发展和完善。

全球商业数字货币和通证之间存在一定的联系。首先，它们都是基于区块链技术的产物，都利用了区块链的去中心化、安全性和可追溯性等特点。其次，它们都可以作为资产进行交易和流通，具有一定的投资价值和市场潜力。此外，随着数字货币和区块链技术的不断发展，全球商业数字货币和通证之间的界限会逐渐模糊，出现更多的交叉和融合。

三、新资产

1. 什么是数字经济

如今,数字化的浪潮汹涌澎湃。"互联网+流量驱动""大数据+数据驱动""人工智能+算法驱动""区块链+可信驱动""5G+效率驱动"等数字技术飞速发展,而数字技术的发展促进了数字经济的发展。为了进一步发展数字经济,推进数字产业化和产业数字化,我们需要建立关于数据资源的产权、交易流通、跨境传输与安全保护等基础制度和标准规范,推动数据资源的开发利用。数据作为生产要素之一,充分激活其内在价值,加速实现广泛的数据交易流通、参与分配,数据资产化的环节必不可少。一方面,资产化是数据作为一种新型生产要素,实现广泛交易流通、价值按照贡献分配的先决条件;另一方面,数据资产化是"逆推"企业层面数据相关标准体系完善,展现企业真实价值,体现企业竞争优势,推动企业数字化进程的重要途径。对此,我们一起探讨两个主题。第一个主题是"认清一个事实:数字经济时代的来临",第二个主题是"探索一条道路:数据资产的确认和计量"。

什么是数字经济?可能很多人都听说过数字经济,但是对什么是数字经济还未深刻理解。为此,笔者先给大家介绍数字经济的概念。

数字经济是以数字化的知识和信息作为关键生产要素,以数字技术为核心驱动力,以现代信息网络为重要载体,通过数字技术与实体经济的深度融合,不断提高数字化、网络化、智能化的水平,加速重构经济发展与治理模式的新型经济形态。据世界银行统计,2019 年全球数字经济规模达到 31.8 万亿美元,占全球 GDP 比重 41.5%,数字经济已被视为撬动全球经济高速发展的新杠杆。

万物皆数据，一切都可以数字化。在这个时代，随着科技的发展，所有的事物都能够以各种数据形式呈现。数字化的一个基本假设就是世界上所有事物都可以量化，人们日常工作生活中的一切事物，本质上都符合数学规律，都可以数字化成为数据。一个生产、分享数据的时代来临了！数字化就是对海量数据进行采样、挖掘、分析、存储和利用，涉及所有的文字、图片、声音、影像、图表等，可以说"处处是沙子，到处是黄金"。数字化的核心价值是用数据还原过去、总结规律、描述现实和规划未来。

数据有如下特征：一是数据本身是对一个事实的描述，代表某件事物的客观状态。二是数据可分为结构化数据、半结构化数据和非结构化数据。现在利用较多的是结构化数据，企业的ERP、SAP数据库里的数据基本上都属于结构化数据。半结构化数据、非结构化数据利用得并不多，但比结构化数据更能说明事物的本质，如视频、音频、场景数据。三是数据生产需要成本投入，需要投入硬件、软件、人工成本；如果要购买，需要支付对方一定的费用。四是数据具有互补性。单个的数据价值并不大，只有当数据达到一定的规模，且具有多个维度及有较好的及时性时，数据才有用。规模多维度、及时性等对其作用的发挥会产生较大的影响。五是数据具有无限性。数据具有可复制、可共享、无限增长和供给的品质。数据资产不需要折旧、摊销，它会越用越多。数据资产本身是无限增长的，它每年都在增值，而不是被消耗。六是数据资产成为数字经济时代的关键生产要素。农业时代的关键生产要素是土地、劳动力，工业时代的关键生产要素是资本、技术。数字经济时代的核心生产要素是数据，数据是国家与企业的核心资产，也是未来取之不尽的新能源。

2. 数据资产的确认、计量与报告

目前，全球范围内提出推进土地、劳动力、资本、技术、数据等要素市场化改革，健全要素市场运行机制，完善要素交易规则与服务体系。数据要进入交易市场，没有价格就无法交易。所以，把数据纳入生产要素，进入市场进行交易，就必须解决数据资产的确认、计量与报告的相关问题。加快发展以数据为核心的数字经济已经是大势所趋，企业在生产经营过程中积累了海量的数据资产，亟待进入会计核算体系，这就涉及相关的税收问题。

从资产的含义来看，什么叫资产？国际会计准则理事会对于什么是资产作出了规定，"资产是一种有潜力产生经济利益权利的经济资源，是企业由于过去事项而控制的现时经济资源"。在资产定义中有以下三个最为关键的因素：一是企业能"控制"的因素，二是"产生经济利益"的因素，三是"权利"的因素。由此，我们也可以尝试定义数据资产：数据资产是由于过去事项而控制的现时的数据资源，能够为企业未来有潜力产生经济利益的权利。

作为"资产"的数据有以下两种特性：一是能帮助现有产品、服务实现收益的增长；二是数据本身可以直接产生价值。特别是第一个特性，数据资产为业务赋能。数据能帮助企业改善经营管理、服务，即数据本身在第一种情况下不实际产生价值，但是通过数据作用于现有产品、服务，有潜力使其在收益增长、成本降低上表现更优。现在全球的数字税主要针对第一种情况，主要依据是销售收入。因为计算比较复杂，所以基本上简化为按照销售收入征税。数据与收入有什么关系？因为数据资产为业务赋能，互联网企业销售收入比一般企业要高。其实更合理的做法应该是对净利润征税，可是净利润的计算是一个很复杂的过程。第二个特性是数据资产本身产生价值，社会与各个企业可以通过对数据资产的有效管理，即对现有数据资产进行系统分析、深入挖掘、充分利用而不断产生新的数据资产，实现数据资产的不断增值。这就涉及数据资产本身增值的税收问题。

对数据资产的确认，即作为一项资产要确认进入账户体系，在会计上要满足以下两个条件：一是有权利产生经济利益权利的，该项经济资源归属于企业。二是企业能够可靠地计量经济资源的成本和价值。第一个是拥有和控制,第二个是能够可靠地计量。数据资产是否满足这两个条件?数据资产是属于个人还是属于企业,这是数据所有权的问题。应该说数据中间的流转过程较多,很难确认数据所有权的归属。全国人大在制定个人信息保护法草案中,明确应保护归属于个人的信息(数据)。可是现在很多技术手段很难确保数据是谁的,且源头难以明确,但如果我们用区块链技术记录数据的流转,就能明确数据的所有者。所以,区块链的广泛应用将会为我们明确数据的所有权,提供较好的技术支撑。企业收集个人的数据,应该给个人支付一定的费用,或者是通过产品的让利方式返还给数据的拥有者。而这些数据本身应该是属于个人的,而不是属于企业的,只有对方个人同意转让给企业时,企业才拥有这些数据。

对数据资产的计量不是问题,其实在资本市场上已经有所反映,例如,互联网巨头的价值已经远远高于实体经济的企业。从计量的角度来看,现在的数据资产并没有纳入会计核算体系,所以笔者认为财务报表无法反映企业的价值,因为最重要的东西不在财务报表里。数据资产要进入财务报表体系,有一个所谓初始计量与后续计量的问题。企业拥有的数据资产如何进入财务报表账户体系中,以及如何对数据资产进行后续计量?企业应当结合业务特点和风险管理的要求,采用以下三种最基本的方法取得数据资产的初始确认和后续确认:能够取得成本的就用历史成本法;能够取得市价的就用公允价值计量;如果无法取得市价且没有成熟的市场、成熟的数据,也可以按评估计量法。评估计量法对数据资产有三种以上的评估和计量方法,此处不再赘述。无论是初始计量,还是后续计量的增值,都涉及税收问题。比如,初次进入账户体系,增加资产的价值,是否需要缴税?后续计量时,每年评估增值这一部分是否需要缴税?这是数据资产计量中涉及的税收问题。

最后是数据资产的报告。在财务报表中的数据资产不会因为使用而损耗,所以在日常核算中不需要折旧或者摊销,这是不同于现有的实物资产和无形资产的。可以在资产负债表中专门设置一个"数据资产"项目,对生产型数据资产、消费型数据资产进行归类,对哪些是自用数据资产、哪些是可以出售的数据资产进行重新分类。另外,如果账面价值与计税基础不一致,则要确认递延所得税资产或者递延所得税负债以反映数据资产增值。

"数据资产确权、数据收益和价值确认"是数字经济时代人们财富分配的度量衡,它使原先无主数据成为有主的生产资料,是一场人类社会必然引爆的颠覆性的新型生产力与生产关系的变革运动。

我们要运用以区块链技术为核心的数字技术改变传统经济的生产关系,让所有参与数据创造、加工、传播等活动的数据贡献者对其贡献的数据确权,让他们享有其数据的所有权、收益权、经营权等权益。改变传统世界数据汇聚平台成为大数据唯一受益者的格局,我们要让所有数据的贡献者成为数据的受益人,通过数据确权及计价让数据成为一种资产。

在数字技术的高速发展下,各国都十分重视新技术对传统经济体系的改造,未来全球或将重新构造一个新的全球经济体系。

若全世界数据资产的总价值能够核算的话,会达到什么规模呢?这是一个非常值得研究的问题,也是我们在设定数据资产确认与计量时应该解决的问题。

维基百科对"数据资产"(Dataassets)这样定义:数据资产是拥有数据权属(勘探权、使用权、所有权)、有价值、可计量、可读取的网络空间中的数据集。2009年,Tony Fisher在《数据资产》(*The Date Asset*)一书中指出,数据是一种资产,企业要把数据作为企业资产来对待。2011年,世界经济论坛发布《个人数据:一种新资产类别的出现》报告,指出个人数据正成为一种新的经济"资产类别"。2015年7月,北京中关村成立国内开展数据资产登记确权赋值的服务机构——中关村数海数据资产评估中心,以推动大数据作为资产的确权、赋值、促进交易等。2018年4月,中国信息通信研究院云计算与大数据研究所发布了《数据资产管理实践白皮书(2.0版)》。

我们要明确数据资产确权三大要素：行业特性、确认方式、数据类型。

目前，用以规范数据市场交易秩序的数据产权制度尚未建立。数据确权是大数据应用和数据产业发展必须解决的核心问题之一，它针对不同来源的数据，以法律形式明确其产权归属，推动数据整合，加速数据的共享与流通，降低交易成本，从而激活庞大的数据资产价值，进而创新应用，使数据产业得以迅速发展。

区块链技术能够将用户的数据确权，也就是将用户的数据资产与互联网上唯一的属主——映射，并实现数据价值的转移，这意味着数据成为具有实际价值的资产。数据在流转过程中有5个角色：数据的生产者、数据的管理者、数据的储存者、数据的分享者以及数据的使用者，这些不同的角色应该在数据流转的产业中有不同的作用。只有用区块链的方式确权之后，才能搭建数据流转的基础，所以区块链技术与数据价值共享的时代十分匹配。

数据是与土地、劳动力、资本、技术并列的第五大生产要素——数字化时代的一种新型生产要素。数据价值越来越重要！

土地有土地产权，劳动力有劳动产权，资本有资本所有权，技术有知识产权，这四大生产要素在法律上都有明确的权益与职责归属。但对于数据，各个国家的法律似乎还没有准确界定数据资产权责体系。

3. 数据确权与数据认责

所谓数据确权，就是确定数据的权利属性，主要包含两个层面：一是确定数据的权利主体，即谁对数据享有权利；二是确定权利的内容，即享有哪些权利。

从这两个层面来看，数据从产生到消亡的整个生命周期中，主要涉及四类角色，即数据所有者、数据生产者、数据使用者和数据管理者。而确权就是针对特定的数据资产明确定义这四类角色的过程。也就是说，不同的数据资产其所有者、生产者、使用者和管理者可能不同。

（1）数据生命周期中的四类角色

笔者在《一本书讲透数据治理》一书中对这四类数据角色的定义进行了详细的阐述：

①数据所有者。即拥有或实际控制数据的组织或个人。数据所有者负责特定数据域内的数据，确保其域内的数据能够支持跨系统和业务受到管理。数据所有者需要主导或配合数据治理委员会完成相关数据标准、数据质量规则、数据安全策略、管理流程的制定。数据所有者一般由企业的相关业务部门人员组成，根据企业发布的数据治理策略、数据标准和数据治理规则要求，执行数据标准，优化业务流程，提高数据质量，释放数据价值。在企业中，数据所有者并不是管理数据库的部门，而是生产和使用数据的主体单位。

②数据管理者。数据管理者不一定拥有数据的所有权，而是由数据所有者授权执行数据管理的职能。在很多传统企业，数据管理者往往隶属于数据所有者。数据管理者并不包揽所有的数据治理和管理工作，部分数据治理和管理工作需要由业务部门与IT部门共同承担。

③数据生产者。即数据的提供方，对于企业来说，数据生产者来自人、系统和设备。例如，企业员工的每一次出勤、财务人员的每一笔账单、会员的每一次消费都能一一被记录；企业的ERP、CRM等系统每天都会产生大量的交易数据和日志数据；企业的各类设备会源源不断地生产大量数据，并通过物联网（IoT）整合到企业的数据平台中。

④数据使用者。即使用数据的组织或个人，如申请数据、下载数据、分析数据等。在企业中，数据的生产者、所有者和使用者有可能是同一个部门。例如，销售部门以CRM系统为依托，既是客户数据的生产者，也是客户数据的使用者，还是客户数据的所有者。

（2）数据资产管理为什么要确权

"数据资产管理为什么一定要确权，过去没有明确数据确权不一样也能用吗？"这可能是很多人的疑问。

数据资产管理之所以要进行确权，主要有以下三个方面的原因：

①数据确权是数据资产化的基础。

"数据资产是由组织合法拥有或控制并且能够给企业带来经济效益和社会效益的数据资源"，这是数据资产的定义。从这个定义中不难看出，数据要成为资产，必须有一个明确的权属主体。

从会计的角度来看，没有明确的数据权属，数据资产永远无法进入企业的财务报表。

从法律的角度来看，没有明确的数据权属，数据滥用的问题将无法解决。

从数据的管理和使用角度来看，没有明确的数据权属，数据的质量问题将无法溯源、无法解决。

②数据确权是数据交易和流通的前提，任何东西要实现交易，首先需要确权。

数据同样如此。由于数据的复制成本相对于生产成本来说极低，数据易被复制和传播，造成数据使用者损害数据所有者权益的情况十分普遍。故而合理界定数据权属是亟须解决的问题。只有明确了数据的权属，才能对数据进行估值，再进行交易和流通。

③数据确权是保护个人数据安全的重要手段，由于数据权属一直是一个含混不清的问题，尤其在ToC端。

互联网用户每天产生的大量数据，到底是归互联网公司所有，还是归用户个人所有？从法律角度来讲，个人信息归个人所有，但事实上我们从来没有享受到拥有这些数据的权利。而互联网公司往往是通过所谓的用户协议、个人信息保护协议，约定了用户产生的数据归公司所有。由于数据权属界定不明，导致了信息滥用、大数据杀熟、网络诈骗、非法数据交易等侵害个人信息的问题日趋严重。

（3）数据认责，认的是什么责？

权利和责任一定是并存的，在享有数据权益的同时需要对数据负责。

在企业数据资产管理实践中，所谓的数据问责，更多的是指"谁对数据的质量属性负责"。通常，企业中数据的所有者、生产者、使用者、管理者都是比较容易识别的，可一旦出现数据质量问题，在追责问责时，它常常会变成一个部门之间或业务人员与技术人员之间相互推诿的问题。例如，企业在盘点库存时，经常会发现 ERP 系统中的物料库存数据与实物的库存数据存在差异。业务部门会说 IT 部门没有提供完善的系统功能，导致数据错误，而 IT 部门则责怪业务部门操作不规范。事实上，出现这种问题，最大的可能是业务的出入库操作重复或在列出库存项目时有遗漏，或者库存物料的描述不准确，位置不正确。当涉及库存时，通常是由仓库管理员负责确保库存数量准确。作为数据质量改进和控制的一部分，这可能需要对系统中的物料建立统一的编码规则并实施数据清洗，还需要对实物库存重新贴标签。而这些决策永远不会成为单纯的 IT 问题，也不会落入 IT 部门。很多企业搞数据治理项目，建立了数据问责制度。但在笔者看来，数据问责制只是数据治理的手段，而不是数据治理的目的，企业要做的是提高数据质量和实现业务目标，而不是在发生数据问题后追究责任。数据问题的重点在于预防，问题发生了再去追责为时已晚。

谁对数据的质量负责？当你遇到这样的困惑时，不妨试着先回答以下几个问题。

认识问题：什么是好的数据质量？为什么它很重要？

定义问题：测量数据质量的维度有哪些？是数据的一致性、完整性、正确性、及时性吗？

衡量问题：数据质量对业务使用与管理决策有何影响？

分析问题：找到数据质量问题的根本原因，是管理问题、业务问题还是技术问题？

改善问题：哪些关键业务流程的改善有利于提高数据质量？如何改善？

控制问题：是否有数据质量管理章程，包括问题与目标描述、范围、里程碑、角色与职责、沟通计划?

把以上问题都想清楚之后,究竟"谁该对数据负责"就不是那么重要了。

数据质量人人有责,谁生产谁负责,谁拥有谁负责,谁管理谁负责,谁使用谁负责。数据所有者主要负责制定数据管理政策,维护数据资产目录并分配数据认责权限,确保所拥有的数据可查、可用、可共享;数据生产者负责执行数据管理规则,按照数据标准规范化录入各项数据并解决相关数据问题;数据使用者要确保数据的正确、合规使用,以及数据在使用过程中不失真;数据管理者主要协助数据所有者制定数据标准、质量规则、安全规则并监控相关数据问题,同时制定确保数据管理的流程,并确保其有效执行。那么,IT部门在这个过程中,扮演什么角色,承担什么责任?

从项目实践来看,在大部分数据治理项目中,IT部门扮演着推动者的角色。而在数据运维/运营过程中,IT部门往往承担着数据保管员的职责,同时为数据管理者提供技术支持,推动数据架构、标准和规则等内容的落地。有人可能会质疑:数据管理员和数据保管员不是一回事吗?

①数据管理员——顾名思义,就是数据管理者中的一员。大多数数据管理员来自各自的业务部门,他们隶属于数据所有者,通常由数据所有者指定或授权其执行数据的定义和控制活动。因此,在DAMA-DMBOK2中,也被称为"业务数据管理员"(Business Data Stewards),一般都是业务领域的专业人士或公认的业务领域专家,对一个数据域负责。以财务部门为例,CFO或财务总监很可能是所有财务数据的数据所有者,那么财务部门的每个小组的负责人将被任命为数据管理员。如核算数据管理员——负责财务核算数据的管理,并出具企业财务报表和管理集团合并报表;资金数据管理员——负责资金数据管理,以及统计和分析;预算数据管理员——负责各企业经营预算执行情况的数据的管理,以及统计和分析。我们经常可以看到,在很多数据治理组织结构体系中,数据管理员都是其中的重要组成部分,他们负责企业数据的运营和管理,并在数据管理的各种例行会

议或专题会议中作为数据所有者的代表，提出数据管理的改进意见和建议。在数字化时代，每个企业都需要培养一批懂业务、懂数据，甚至懂数据分析、数据管理的相关技术的数据管理员。这批人将是企业数字化转型的中坚力量。

②数据保管员或数据保管人通常由 IT 部门负责，其职责与其他角色，如数据所有者和数据管理员，存在着根本性差异。业务数据管理员侧重域业务，而数据保管员专注于技术。他们通常在各自专业技术领域进一步划分不同的角色，如数据建模、数据架构、数据集成、数据开发等，当然还有传统的 DBA（数据库管理），他们主要负责维护、归档、恢复、备份数据、防止数据丢失/损坏等。关于数据保管员，在 DAMA-DMBOK2 中也有相关的定义，DMBOK2 称其为技术数据管理专员（Technical Data Stewards），即某个知识领域内工作的 IT 专业人员，如数据集成专家、数据库管理员、商务智能专家、数据质量分析师或元数据管理员。数字化时代，企业需要培养或引入一批具备专业技术知识、技能和经验，以及具有良好的数据管理实践的人才，他们是企业数据管理域组的一部分，是企业数字化转型的主要支撑。如果你觉得数据管理员、数据保管员实在不好区分，那么就按 DAMA 的叫法：业务数据管理员、技术数据管理员。企业数字化转型需要技术与业务的深度融合，让 IT 走进业务，让业务融入 IT。那么，让业务数据管理员和技术数据管理员一起工作就是一个很好的实践。

（4）数据确权认责，该怎么做？

权利和责任就像一个硬币的正反两面一样密不可分，享有多大的权利就需要承担多大的责任。数据的确权认责需要破除一个认知误区："数据是由 IT 部门负责的。"从数据确权认责的相关条例来看，企业数据的质量和安全不应该由 IT 部门负责，IT 部门也负不了这个责任。事实上，IT 部门只是企业信息系统的实施者、维护者，或为数据管理提供技术支持。在企业的数据治理过程中，数据的生产者、所有者、使用者、管理者才需要真正对数据负责。企业的数据资产项千千万，数据确权认责是一个巨大的工程量，不可一蹴而就，需要分批次、分阶段、循序渐进地去完成。企业数据资产确权认责流程如下：

①数据梳理和盘点。划分数据域，按数据域开展资源盘点工作，梳理本专业数据资源，梳理数据实体，识别数据属性。数据资源盘点完成后，数据管理部门发起数据资源登记注册，形成数据资产目录。一般建议企业采用"问题+价值"双驱动的策略，优先对问题多发且对业务影响较大的数据项开展认责管理，通过责任落实改善和提高数据质量，控制和解决问题，支撑业务发挥价值。

②建立认责关系矩阵。基于数据资源目录，识别各专业领域认责的数据实体，建立数据实体与组织机构各方（集团公司、分子公司的相关责任部门）之间的权责矩阵。认责关系矩阵需要将相关数据责任落实到对应岗位人员的日常工作和数据操作中。责任的落实需要结合数据标准的贯标开展，强调认责与规范录入行为同步，避免数据问题的发生。

③梳理操作细则。在公司层面梳理出认责数据项所对应的关键业务流程、节点名称、系统名称及其他关联数据项，组织数据管理者和使用者梳理所属企业的数据管理要求，并明确到具体的二级部门、业务操作岗位，以及数据操作权限（CURD），明确相关岗位应承担的数据责任，明确岗位认责的数据范围，对数据录入、审核责任制定相应的操作指南。

④制定认责制度。在认责矩阵和操作细则基础之上，企业应从专业层面梳理相关数据实体、属性的数据管理要求，如数据质量要求、数据安全和个人隐私保护要求、数据标准规范等，形成数据管理制度手册，为进一步规范数据相关方的管理和使用行为提供制度约束。

（5）数据确权认责，需要注意什么？

数据的确权认责不是一个复杂的系统工程，需要结合企业的数据战略、数据标准、数据管理制度和流程以及IT系统的建设，有目标、有重点、有范围、有针对性地推进。切记：一口吃不成个胖子，更不能眉毛胡子一把抓！要注意以下六个"明确"：

①认责目标要明确，数据认责与数据治理并行，要能够体现治理的价值及认责的效果。

②认责范围要明确，"问题+价值"双驱动，优先对问题多发且对业务影响大的数据项开展认责管理。

③认责粒度要明确。数据粒度，具体到数据库、数据表还是数据字段级别；责任主体粒度，具体到部门、岗位还是人员级别。

④认责角色要明确，在数据的应用价值链和生命周期中，谁是所有者、谁是生产者、谁是管理者、谁是使用者需要定义清楚。

⑤认责职责要明确，配合认责关系矩阵和CURD，明确定义：谁，在什么系统，操作什么，操作规范是什么。

⑥认责机制要明确，制定及发布数据标准，编制数据认责管理办法及流程，数据标准与管理制度并举，确保数据确权认责常态化运转。

4. 数据资产确价

明确了数据的权利归属后，就需要考虑如何对其价值进行评估，以确保所采集的数据能够实现价值最大化。也就是我们提出的，进行"数据收益和价值的确认"。数据资产的价值评估有六种模型：内在价值、商业价值、绩效价值、成本价值、经济价值、市场价值。

围绕数据资产确价，主要有以下三个方面的工作（见图3-3）：

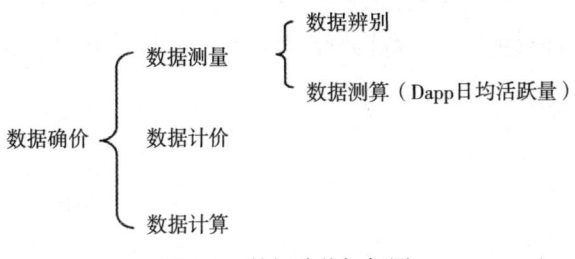

图3-3　数据确价框架图

理论和方法研究很重要，但是本文的重点在于，一旦我们细究"数据收益和价值的确认"，有一样东西不可或缺，那就是数据资产的价值确认计量方法，这个计量方法的确定，有利于资产的流动和使用。

根据对数据资产领域的长期研究，我们首创提出数据资产价值计量公式（简称数权公式），公式如下：

$$V_D = \Sigma N_D \times P_A \times Y$$

式中：

V_D（Value Data Assets）代表数产价值，即数据资产价值。

N_D（Number of Daily Average Jumps）代表日均活跃量，即单日平均活跃用户数量。

P_A（Price of Data Assets）代表数产价格，即数据资产种类价格。

Y（Importance Coefficient）代表重要性系数，集合行业类别重要性系数及权重比例。

目前所处的研究阶段，即针对数据取样分析工作，我们还有待完善的系列工作，主要有：

（1）确认数据资产的类型。

（2）DAO 内部数据权重参考。

（3）行业类别重要性系数表（调研、测算、编制）。

（4）数据资产定价策略及价目表参考（调研、测算、编制）。

我们应不断地完善抽样数据分析，编制出相关数据资产确权与计量的标准参考，通过研究工作开创资产新疆域，开拓数据资产本位制，即在"数据资产确权、数据收益和价值确认"领域做更多的探索，成为一个在数字经济时代具备引领性的"数据资产本位制"标准的制定者及推动者。

第三部分
Web3.0（NFT元宇宙）及全球现实资产代币化（RWA）

天上一个月亮，水中一个月亮。

随着数字技术的全面普及应用，人类社会将出现一个物理世界与另一个平行世界。包括我们人类个体，都将拥有一个或数个数字孪生，即另一个与自己拥有同样相貌及思想的数字人。人类可以不受时间与空间的约束，任意在现实世界与虚拟平行空间自由穿梭，所谓的元宇宙概念就是这样的镜像映射。

在数字世界的苍穹下，人类的社会活动又将开启崭新的篇章。

未来充满无限可能。

一、NFT元宇宙基于区块链技术的数字资产

1.NFT 可信数字权益凭证

NFT，全称为 Non-Fungible Token，指非同质化通证（代币）。实质是区块链网络里具有唯一性特点的可信数字权益凭证，是一种可在区块链上记录和处理多维、复杂属性的数据对象。每一个 NFT 都是独一无二且完整的，不能通过身份、价值和 / 或效用与任何其他资产直接互换。如果把元宇宙想象成一个数字世界，那么在这个世界上，你如何证明你是你，你的东西属于你呢？NFT 就是用来"确权"的。

NFT 可以代表任何形式的数字内容，如图片、音乐、视频、游戏、文字等，它具有稀缺性、不可分割性、可追溯性和可编程性等特点。这使得 NFT 在数字艺术品、游戏、房地产、身份验证等多个领域具有广泛的应用前景。

NFT 是一种基于区块链技术的数字资产，每个 NFT 都是独一无二的，无法被替代或分割。这使得 NFT 在表示独特物品的所有权方面具有天然的优势，这些物品可以是数字艺术品、音乐、虚拟土地等。相比之下，数字加密货币则是同质化的，它们可以相互替换，具有相同的价值。

在功能和应用方面，数字加密货币主要作为支付手段和价值储存工具，可以在全球范围内进行快速、安全的交易。而 NFT 则更多地用于数字艺术品的购买和售卖，为创作者提供了一种全新的确权方式，并简化了数字资产的交易过程。

从价值来源来看，数字加密货币的价值通常基于其稀缺性、市场需求和区块链技术的安全性等因素。而 NFT 的价值则主要来源于其独特性和市

场需求，每个 NFT 都因其独特性而具有不同的价值。

2.NFT 在数字资产领域的应用

NFT 在数字资产领域的应用非常广泛且多样化。不仅适用于图片、视频、音乐、游戏道具、数字艺术品，而且现实世界中的门票和各类证书都可以 NFT 化，以此最大限度地保护拥有者的权益。

首先，NFT 为艺术家和创作者提供了一种全新的方式来证明和交易数字艺术品。这些艺术品可以是图像、音频、视频等任何形式的数字内容。通过 NFT，艺术家可以确保其作品的独特性和所有权，并获得与其价值相匹配的回报。

其次，NFT 在游戏领域也有着广泛的应用。许多在线游戏中的虚拟物品，如装备、角色、土地等，都可以被制作成 NFT，并赋予玩家真正的所有权。这意味着玩家可以购买、出售或交易这些虚拟物品，从而在游戏内或游戏外实现经济价值。

此外，NFT 还可以用于房地产领域。通过 NFT，可以代表房地产、土地和建筑物的所有权，为买卖双方提供一个去中心化、透明且安全的交易环境。这种方式可以简化房屋买卖流程，降低交易成本，并提高交易的透明度。

NFT 在身份验证和数字身份管理方面也发挥着重要作用。它可以确保实物和数字身份信息的一致性，为各种场景提供安全、可靠的身份验证解决方案。

创建、发行和交易 NFT 主要涉及以下步骤。

（1）创建 NFT

首先，你需要在以太坊钱包（如 MetaMask、MyEtherWallet 或 Coinbase）中创建一个数字账户，并支持 NFT 代币标准（如 ERC-721）。

准备 NFT 发行所需的资源，包括资金、技术和设计，以及发行 NFT 的相关规则，如发行价格、发行数量等。

使用智能合约将 NFT 的属性（如价格、数量等）写入智能合约中，以便发行。

（2）发行 NFT

通过智能合约将 NFT 发行到指定的区块链上，以便用户随时购买。

在以太坊 NFT 市场（如 Foundation、OpenSea 或 Rarible）上连接你的钱包，并上传你想要变成 NFT 的艺术品或数字内容。

设置价格和数量等相关信息，然后按下发布按钮。一旦 NFT 发布成功，它就具备了可用于销售或交易的资格。

（3）交易 NFT

市场交易：在市场交易中，买卖双方会按照市场价格进行交易，并给平台支付一定的手续费。常见的交易方式包括一口价交易和拍卖交易。一口价交易是指卖家在 NFT 市场上设定一个固定的价格，买家可以直接购买 NFT 藏品而无需进行竞价。拍卖交易则是一种基于竞价的交易方式，卖家将 NFT 藏品放在拍卖平台上，买家可以通过竞价来购买 NFT 藏品。

私人交易：买卖双方可以通过私人渠道进行 NFT 的交易。在这种交易方式中，买家和卖家可以通过社交媒体、聊天应用或电子邮件等方式联系，并协商交易细节。

如何引导 NFT 健康发展，"取其精华，去其糟粕"方是正道。需要加大对该领域的监管力度，提高相关风险的预警、防范和化解处置能力。一方面，需要文化、知识产权等领域有关部门制定相关法规政策，明确 NFT 作为数字藏品的业务规范。另一方面，需要金融监管部门加强风险监测和风险提示，防范非法金融活动风险。

3.NFT 与区块链和元宇宙共同打造新兴数字经济生态系统

在 Web2.0 时代，技术可以解决信息传递、存储问题，而如今的区块链技术和加密算法向前走了一步，既可以保护信息安全，也可以用处理信息的方式来处理资产，这就是 NFT 的核心。NFT 可以被简单理解为在元宇宙或互联网世界中，对数字资产进行确权的一种方式，即以后谁都能查到。因为在元宇宙世界，资产主要是以数字形式存在，一旦确权，以后在元宇宙世界，任何关于资产的争议至少有据可依。由此，NFT与区块链、元宇宙一起，将迎来Web3.0时代。

Web3.0是互联网的下一个发展阶段，它被认为是一个去中心化、用户主导、注重数据隐私保护的新型互联网模式。而NFT（Non-Fungible Token）元宇宙是建立在Web3.0技术基础上的NFT元宇宙，是一种基于区块链技术的数字资产，它具有独特性和不可替代性。与传统的加密货币（如BTC和ETH）不同，NFT代表的是数字内容或实物的所有权，如艺术品、音乐、视频、游戏道具等。

NFT元宇宙是建立在NFT技术基础上的虚拟世界，它将现实世界与数字世界结合，为用户提供了一个可交互、可探索的数字化空间。在NFT元宇宙中，用户既可以购买、拥有和交易各种NFT资产，包括艺术、音乐、游戏道具等，也可以在虚拟环境中展示和体验自己的数字资产，并与其他用户进行互动、社交和合作。

随着技术的进一步成熟和用户的不断涌入，NFT元宇宙有望成为一个更加开放、包容和创新的数字世界，形成新兴的数字经济生态系统。

NFT元宇宙之所以被认为是新兴的数字经济生态系统，主要基于以下四个方面的原因：

第一，NFT（非同质化通证）是建立在区块链技术上的数字资产，每个NFT都是独一无二的，具有不可复制、篡改和分割的特性。这种特性使得NFT能够成为虚拟世界中资产所有权的有效证明，从而在元宇宙这一共享的虚拟空间中发挥重要作用。

第二，元宇宙本身是一个涵盖虚拟增强的物理现实和物理持久的虚拟空间的融合体，允许用户在其中进行各种体验，如购买土地、车辆等虚拟资产，与朋友互动、参与活动等。NFT作为元宇宙中的数字资产，为虚拟体验提供了坚实的经济基础。通过NFT，用户可以在元宇宙中拥有真正属于自己的虚拟资产,从而进一步丰富了元宇宙的经济生态。

第三,数字经济是由信息技术创新、数字化和网络化推动的全新经济形态,而 NFT 与元宇宙正是这一经济形态中的新兴代表。它们利用区块链等先进技术,将现实世界的资产与权益转化为数字形式,并在虚拟世界中实现其价值。这种数字化的经济形态具有全球性、创新性、普惠性和数据化等特点,为经济发展注入新的活力。

第四,NFT 元宇宙作为新兴的数字经济生态系统,具有巨大的发展潜力。随着技术的不断进步和应用场景的不断拓展,NFT 和元宇宙将在更多领域发挥作用,推动数字经济的持续创新和发展。

总之,NFT 元宇宙是一个新兴的数字经济生态系统,正在改变我们对数字资产和虚拟世界的认知。随着技术的不断发展和用户的不断涌入,NFT 元宇宙有望成为一个具有巨大潜力的领域,为创作者、投资者和用户带来更多的机遇和体验。

二、RWA全球现实资产代币化

1. 什么是RWA

RWA(Real-world Asset Tokenization)被称为全球现实资产代币化,是一个涉及区块链技术和加密货币的概念。其核心思想是将现实世界中的各类资产,如房地产、艺术品、珠宝、知识产权等,转化为区块链上的数字代币。通过这种方式,传统意义上的物质或非物质资产得以在数字世界中显示和交易,从而打开了新的投资机会和流动性。

RWA 通证是区块链上的数字通证,可以代表各类实物资产和传统金融资产,如现金、证券、债券、大宗商品、艺术品以及知识产权等。RWA 通证化标志着资产在渠道、交易和管理模式上都取得了关键突破，为区块链金融服务以及各类基于加密和去中心化共识的非金融用户带来了新的机会。

（1）RWA 的特点

RMA 具备以下显著特点：

①通过代币化，原本难以快速交易或分割的资产开始流动，小额投资者也能参与其中，使得资产流动性增强。

②区块链的不可篡改性确保了资产交易历史的透明性，有助于减少欺诈和不当行为，无形中使透明度得到提高。

③代币化使得跨境交易和所有权转移更为简便，降低了传统交易中的复杂性和成本，使投资者参与的门槛降低。

④基于智能合约，RMA 可以实现复杂的交易逻辑和自动化执行，提高了交易的效率和安全性。

当然，RMA 也面临挑战和限制，如监管合规问题、技术安全性、市场接受度等。尽管如此，随着区块链技术的不断发展和成熟，RMA 有望在未来成为资产交易和管理的重要趋势之一。

（2）RWA 将现实世界资产通证化步骤

RWA 将现实世界资产通证化要经过以下五个步骤：

①选择资产。也就是投资者或交易者需要决定将哪些现实世界资产变成通证，并对其价值进行评估，建立起法律支持体系，确保资产的数字化过程合法合规。

②定义通证的规格。比如，同质化或非同质化、通证标准及其他关键属性。

③选择区块链。决定资产通证要发在公链上还是私链上，通过跨链互操作协议后，就可以在任何区块链上发行 RWA 通证。这也是代币化过程，资产通过特定的区块链技术被转化为数字代币，也就是通证。

④接入链下资源。资产通过代币化，即将其货币价值转换为数字代币。任何能够对应货币价值的现实世界资产都可以通过代币化来用 RWA 表示。因此，RWA 接入链下资源，实际上是指将现实世界资产的价值进行代币

化,以便其价值能够在区块链上得以体现和交易。

⑤发行通证。在自己选择的区块链网络中部署智能合约,铸造通证,以供用户使用。

2. 实物资产代币化 RMA 将成为未来趋势

实物资产代币化(RWA)被认为是加密货币领域的重要趋势之一。这一概念通常被认为是数字货币深度发展的下一阶段,将有可能彻底改变人们对有形资产的理解和交互方式。

从本质上讲,资产代币化意味着将传统资产的所有权记录放在区块链上。资产代币化不仅能促进更高效的交易,还能使某些投资机会的获取变得民主化,并为房地产和艺术品等传统非流动性资产类别带来更多流动性。

资产代币化不仅是一项技术创新,也可能是资产管理的范式转变,对散户和机构投资者都有利。将传统资产转变为可交易的、基于区块链的代币,可以重塑投资格局,提高可访问性、市场效率和安全性。

代币化提高了传统上流动性较低的资产(如房地产)的流动性,使交易变得更容易和更快速。资产代币化可以创造新的投资工具和机会,弥合了传统资产与数字金融之间的鸿沟。未充分利用或流动性低的资产可以进入市场,为资产所有者创造价值。

投资者可以购买高价值资产的代币化份额,使更广泛的投资者群体能够接触到这些资产。这种部分所有权的安排可以降低与资产管理和交易相关的行政和交易成本,它还扩大了投资领域,允许投资者在各种资产类别之间进行分散投资。

区块链技术提供透明和不可变的所有权记录,降低了欺诈和争议。智能合约自动执行诸如所有权转移、股利分配和合规监管等流程。

使用加密技术保障代币化资产的安全,降低欺诈风险,保证所有者权利。数字代币可以全天候交易,消除传统市场交易时间的限制。区块链可以通过整合了解客户和反洗钱检查,促进监管合规。

链上数据的透明性和不可篡改性是区块链技术的核心特征，这使得投资者能够验证各种资产的状态，从房地产和艺术品到葡萄酒和单颗钻石。此外，根据波士顿咨询公司的预测，代币化资产市场到2030年可能会激增至16万亿美元。美银全球研究预计，传统资产的代币化将在未来5—15年重塑金融和非金融基础设施以及公共和私人金融市场。这表明市场对此趋势的广泛认可。

虽然实物资产代币化展现出了巨大的潜力和优势，但挑战和风险仍然存在。例如，缺乏全球协同、监管和合规风险等都可能减缓RWA的进展。因此，在推动实物资产代币化的过程中，需要充分考虑并解决这些问题。

3. 如何看待RWA的投资价值和局限性

大家一致认为RMA在未来会成为主流的投资方式，当然，这是一个涉及多个维度和变量的复杂问题。

从当前的技术发展、市场需求以及潜在优势来看，RMA确实展现出了成为主流投资方式的潜力，但也需要考虑到一些挑战和限制因素。

第一，RMA的潜在优势是显而易见的。通过将实物资产转化为区块链上的代币，RMA能够降低交易成本、提高流动性，并增强交易的透明度和可信度。这使得投资者能够更方便地接触到各类资产，尤其以往难以接触或门槛较高的资产。同时，代币化的资产也更容易进行分割和交易，从而吸引更多的投资者参与。

第二，随着区块链技术的不断发展和成熟，RMA的可行性和安全性也在不断提升。区块链的去中心化、不可篡改和智能合约等特性为RMA提供了强大的技术支撑，使得代币化的过程更加可靠和高效。此外，随着监管政策的逐步明确和完善，RMA的合规性也将得到更好的保障。

但是，RMA要成为主流的投资方式，还需要克服一些挑战。首先，市场接受度是一个关键因素。尽管RMA具有诸多优势，但投资者和市场需要时间来了解和接受这种新的投资方式。其次，监管问题也是不可忽视的。

RMA 涉及多个领域的监管，包括金融、资产管理和区块链等，需要各方共同合作来制定合适的监管政策。最后，技术标准和互操作性的问题也需要得到解决，以确保不同平台上的代币能够顺畅地交易和流转。

RMA 作为一种新兴的投资方式，尽管具有许多潜在的优势，但也存在局限性。以下是 RMA 可能面临的局限性：

（1）技术挑战与平台标准化挑战。虽然区块链技术在不断进步，但目前仍然面临着技术挑战，如可扩展性、交易速度和安全性等问题。此外，RMA 还需要一套统一的技术标准和协议来确保不同平台之间的互操作性，但目前这一领域尚未形成广泛认可的标准。

（2）监管与合规存在风险。RMA 涉及多个领域的监管，包括金融、资产管理和区块链等。由于目前相关法规和政策尚不完善，可能导致 RMA 面临合规风险。投资者在参与 RMA 时可能需要面对复杂的法律程序和监管要求，增加了投资的不确定性和成本。

（3）对代币化资产的准确估值与定价面临挑战。实物资产的估值和定价是一个复杂的过程，需要考虑多种因素，如市场供需、资产质量、流动性等。在 RMA 中，如何准确地对代币化资产进行估值和定价是一个挑战。缺乏透明和公正的估值机制可能导致市场操纵和价格失真。

（4）市场的认知度和接受度对 RMA 存在限制。尽管 RMA 具有许多潜在优势，但由于其相对较新，投资者和市场可能对其持谨慎态度。缺乏广泛的市场认知度和接受度限制了 RMA 的发展速度和规模。

（5）市场规模导致价格不稳定。尽管 RMA 可以提高资产的流动性，但在初级阶段，代币化资产的市场相对较小，交易深度不足，导致价格波动较大，投资者难以在需要时快速买卖资产。

需要注意的是，这些局限性并不意味着 RMA 没有发展前景。通过技术的不断进步、市场的逐步成熟以及监管政策的完善，这些局限性是可以逐步解决和完善的。随着这些因素的积极发展，相信 RWA 会在未来发挥更大的作用。

三、新虚拟经济发展机遇

1. 通证经济与未来公司

从有区块链开始,比特币与以太坊便成为区块链的两大核心应用,比特币代表一种可信的数字凭证。以太坊区块链,其定义是下一代智能合约和去中心化应用平台,以太坊="数字货币"+智能合约。以太坊是在比特币基础上的升级。但在运用比特币的时候要注意合法性原则,比特币的监管和合法性因国家和地区而异。2013年12月5日中国人民银行、工业和信息化部、中国银行业监督管理委员会、中国证券监督管理委员会、中国保险监督管理委员会联合印发《关于防范比特币风险的通知》,明确比特币为"虚拟商品",民众可自担风险参与交易,但禁止金融机构提供相关服务。2017年9月4日,中国人民银行、中央网信办、工业和信息化部等七部门联合发布《关于防范代币发行融资风险的公告》,全面禁止ICO(首次代币发行)和境内虚拟货币交易所,定性为非法金融活动。2021年9月24日,中国人民银行、中央网信办等十部门联合发布《关于进一步防范和处置虚拟货币交易炒作风险的通知》,进一步将境外交易所向境内提供服务定义为非法,并强调涉币民事行为可能因违背公序良俗而无效。目前,个人持有比特币未被禁止,但交易、挖矿等业务活动属于非法。中国香港作为特别行政区,正在探索加密资产合法化路径,计划建立加密资产报告框架,与内地的政策形成对比。

目前支持比特币的国家有美国、欧盟、日本、加拿大,严格限制和禁止的国家有中国、沙特阿拉伯、印度、韩国。比特币的合法性与监管呈现高度分化的全球图景:中国个人持有合法但交易受限,司法保护有限;美国、欧盟逐步构建合规框架,探索战略储备。

以太坊作为领先的智能合约平台,其架构设计以去中心化、可编程性和安全性为核心,通过分层模块化结构支持复杂的区块链应用。

无论是比特币区块链还是以太坊区块链,根本上是一个网络协议(规则)的产物,网络协议规定了价值(比特币、以太币)生成规则、交易规则、数据交换格式等。网络协议只规定使用这个协议的用户的行为。系统中任何节点只要在行为上满足这个协议的要求,就可以被网络接受,而这些行为可以由任何代码实现,并不需要某个特定的代码。

而关于公司的性质,也是"一系列合约关系",包括与原材料或服务的卖方签订的供应合同,与向企业提供劳动力的个人签订的雇佣合同,与债券持有人、银行及其他资本供应方签订的借贷合同,以及与企业产品的购买方签订的销售合同等。

区块链是一个开放式的标准合同,类似公司法,而比特币区块链、以太坊区块链等应用,类似一家基于区块链的公司。公司的起源,是人类协作的需要,特别是大规模的协作,股份公司则是人类的一项成就,它改写了人与人协作的秩序、国与国竞争的规则。股份公司发展至今,一方面在自由市场中产生了巨额财富,另一方面由于其基于资本的运作和资本市场机制,资本天然追求集中(垄断),造成了世界财富分配的极端不平衡。

公司导致的集中化,本质是资本的一元化,即现行公司是以货币资本为中心的,作为人的劳动并不能作为资本成为公司资产。现阶段无法靠消灭"市场"与"公司"解决这一问题。市场配置资源,实现财富创造;而公司是在企业家的主导下,作为产权载体与降低市场自由交易成本的最好的工具。

区块链技术的出现,确实有潜力改变当前以资本为中心的股份公司模式,推动其向货币资本、人力资本以及其他要素资本融合的组织进化。经济学家科斯(Ronald Coase)认为,公司(企业)存在的意义,在于降低市场交易成本。区块链技术和通证经济模型,可以对公司进行升级,解决市场交易成本问题，在数字世界建立一套以去中心化的方式实现财富证明、财富流动、资源配置与分工协作的价值激励系统。

业内普遍认为，未来每个区块链项目都会演化成一个 BTC 组织，现有传统组织也都需要向 BTC 组织进化。原因很简单，BTC 居然在主流媒体的唱衰与打压下生长得很好，个中原因值得所有的传统组织借鉴。

首先是 B，即 Blockchain，区块链账本。它是区块链技术的核心，这种分布式记账架构与公开、透明、可信的记账方式，使得陌生人之间能够快速建立信任，进而完成协作，大大提高人类群体协作的效率。未来的 BTC 组织，也必然要做到这一点。当然，这并非意味着只有通过区块链技术才能实现这些目标。传统中心化的组织可以通过其他措施来提高其运作的公开性、透明度和可信度。毕竟我们讲的是商业组织形态，重要的是借鉴区块链的思维，而不是一定要区块链化，更不急于一时。

其次是 T，即 Token-economy，也就是通证经济系统。区块链变信息互联为价值互联，个中关键就在于 Token。它是价值互联网的价值媒介，也是大规模群体协作的激励媒介，指向的是自金融和自组织。自金融使得每个个体、每个组织都可以基于自己的生产力和信用发行"信用 Token"；自组织通过 Token 激励让每个价值创造的参与者都可以公平地分享生态成长的增值，让传统组织边界柔化，让个体更自由，让组织更强韧。

通证是区块链的灵魂，没有通证经济系统的区块链项目是没有吸引力的，但通证经济是一个相对复杂的命题，需要充分考虑货币、激励、治理等关联问题。在理想状态下，每一个区块链项目都要打造一个自金融经济循环模型，传统项目也需要根据自身特点早日上链，打造一个基于通证的利益共同体组织，依靠组织的力量在未来的激烈竞争中生存发展，并不断壮大组织，实现无边界生长。

最后是 C，即 Community，社区型组织。一个区块链项目能否成长起来，关键在于社区。但这里的社区并不是指炒币群。炒币者属于投资者，他们只是社区构成的一个维度，社区的健康成长还需要使用者、治理者共同参与。

事实上,无论一个公司未来是否上链,建立社区型组织都是必需的。腾讯如此强大,就在于腾讯有QQ与微信两大社交工具积累的无与伦比的人气。京东正在走自己的路,聚自己的粉。上市后的小米,其高速成长与其重度运营小米粉丝群体也有很大关系。尽管广大的"米粉"未必分享到了小米高速成长带来的市值回报,但"米粉"还是在小米的产品打磨、市场推广等方面作出了不可替代的贡献。只不过在现阶段,上述任何大公司的用户都只是被动参与者,处于绝对的被支配地位,并没有被真正当作利益共同体,所以他们的潜力只是刚刚出现。谁能够看到这一点,并恰到好处地运用,抓住共有、共治、共享、共生的社区型组织本质,谁就能成为下一个成功企业。

总之,伴随区块链技术的成熟以及其背后的思维模式对传统商业实践的挑战,任何组织都需要调整乃至扭转自己的经营模式,都需要从原来的零和博弈思维,转换到协作共赢频道。你可以不做公链,不做钱包,不发通证,但必须重新定义自己与消费者、供应商、代理商、投资者之间的关系,必须打造自己的BTC组织。

区块链技术与未来公司的结合,符合未来商业组织形态的要素。既有区块链的记账系统带来全程的记录,又能让通证经济实现很多公司之前未曾实现的目标。最后达到"自组织"的社区形态,成为未来商业组织发展的蓝海。

目前,企业的实际应用集中在数字货币领域,属于虚拟经济。我们认为,未来的区块链应用将脱虚向实,更多传统企业使用区块链技术来降成本、提高协作效率,激发实体经济增长,是未来一段时间区块链应用的主战场。

与公有链不同,在企业级应用中,大家更关注区块链的管控、监管合规、性能和安全等因素。因此,笔者认为,联盟链和私有链这种强管理的区块链部署模式,更适合企业在应用落地中使用,是企业级应用的主流技术方向。

2. 通证经济与未来政府

自 2019 年以来，区块链核心技术在我国已提升至国家战略层面，各省市有关区块链的政策密集出台。随着区块链的发展，各地政府对于区块链产业的扶持也越来越明显。据统计，截至目前，中国 34 个省级行政区域均已发布区块链相关政策或已建立产业园区和启动相关项目，区块链的应用场景也在不断扩大。在政策推动下，城市"上链"逐渐成为"共识"，尤其在北京、上海、广州、深圳、江苏等地，区块链发展迅速。

区块链作为发展数字经济、打造数字政府的新型数字基础设施，目前国内外已经有很多专家学者正在探索，如何利用区块链技术来创新政府公共服务模式，提高政府治理能力，推进政府治理现代化进程。

区块链技术，被认为是继蒸汽机、电力、互联网之后，又一项颠覆性核心技术。如果说蒸汽机释放了人们的生产力，电力解决了人们基本的生活需求，互联网彻底改变了信息传递的方式，那么区块链作为构造信任的机器，将重塑人类社会价值传递的方式。

如果说互联网发展的前 20 年主要达成了信息的互联互通，那么我们现在努力的方向就是实现信息保真、信息共享、权限控制以及隐私保护。根据通证经济的特点和应用实施的可行性，未来在政府公共服务领域，通证经济会有新的探索。

在身份认证方面，身份证、驾照、出生证明等公民身份证明都可以存储在区块链账本中。将这些数字身份在线存储，不需要任何物理签名，就可以在线处理烦琐的流程，随时掌握这些文件的使用权限。

在鉴定确权方面，将公民财产、数字版权相关的所有权证明存储在区块链账本中，会大幅减少权益登记和转让的步骤，减少产权交易过程中的欺诈行为。

在政务透明方面，将政府预算、公共政策信息及投票信息用区块链的方式记录及公开，增加公民对政府的信任。

许多国家都在探讨区块链技术在政府治理中的应用。美国经济学家梅兰妮·斯万（Melanie Swan）提出了众多区块链技术可能运用的场景。她认为，将区块链技术用于永久性的公共记录，能用更加有效、去中心化的方式来存储护照、土地交易信息和各类合同等政府文件，帮助政府提供更加个性化的服务。澳大利亚学者卡特里娜·多纳吉（Katrina Donaghy）认为，各国政府都在积极寻找能够使区块链技术服务数字化的途径，它将在公共管理中扮演特殊的角色。加拿大学者唐·塔普斯科特（Don Tapscot）和亚历克斯·塔普斯科特（Alex Tapscot）认为，区块链技术已经能够革新政府运作的方式，能够在降低成本的同时使其变得更加高效。国内的专家学者也纷纷开始探讨区块链技术为政务治理创新带来的机遇与发展。他们认为，将区块链技术应用到公民身份认证、公民和机构的诚信管理、政务信息公开、视频溯源监管和干部人事档案管理等电子政务领域，有利于改善政府与企业、公众之间的关系，提高政府公信力，促使政府为企业和公众提供更优质的服务。

通证经济服务未来政府，具有以下优势：

（1）通证可以承载所有的政府或法律文档，做到防篡改、去中心化，可以防止单点被攻击带来的巨大损失。同时，由于每个区块写入就永久化的特点，降低了数据收集的复杂性和成本，并且让所有数据变得有据可查，实现追踪溯源。

（2）让数据管理变得更科学、更便捷，改善数据管理流程，方便不同部门之间的数据整合。能够为多种应用场景提供原始数据，奠定数据建模准确性基础；可以使政府减少中介部门，降低成本，提高数据流通和运用，同时能够提高政府透明度和公信力，开放数据赋权公民。

（3）在公共服务方面，通证技术不仅意味着无纸化办公、效率成本优化，还意味着从工商、税务、土地等政务管理到教育、医疗、交通等民生管理办法的一系列升级和转变。

（4）转变政府治理模式，传统的政府公共服务是公民被服务等服务，而通证经济可以让未来的政府公共管理变成公民主动参与服务。每个人或组织将拥有存储在加密账本中的基本信息及相关数据，公民可以通过公钥选择性地与代理机构分享信息，或是向政府授权使用公钥阅读或更改其个人账本的内容。社区居民不再是被服务等服务，而是服务的积极参与者，某些情形下甚至是服务的提供者。

当然，通证与政府的结合也会带来一些挑战，例如：所有参与者都需要使用一套统一的标准，因此竞争者要相互协调，就如何、何时通用化应用这些技术达成一致；所有公共服务的关系者需要就业务所需的标准化字段达成一致；法律与监管审批也要与区块链技术相协调。

总之，区块链技术与政府治理相结合，未来能够促进政府治理创新，尝试构建一个基于区块链的政府治理体系，打造基于区块链的数字政府基础设施，以实现政府公共服务、市场协调和公民参与的多引擎增长。实现这个目标需要对其实现路径和面临的挑战进行相关分析，以期更好地利用区块链技术推动政府治理创新，实现政府治理能力现代化。

3. 通证经济与未来经济

在过去的几个世纪里，人类已经见证了历次技术革命的诞生，如工业革命、铁路革命、石油革命等。这些革命显著降低了交易成本、催生了新的沟通方式并改变了基础设施架构，最终确立了新的技术范式。区块链的出现与发展，对于如今的互联网时代，也是具有创新性和革命性的变革。

区块链的可编程特性、可优化交易组织形式，有效地促进了经济社会运行效率的提高。技术创新的变革力不同程度地影响了交易成本的变化，正是在这种成本结构急剧变化的条件下，依赖广域覆盖的互联网的强力支撑，实体组织的边界在变小，虚拟组织的边界在变大并呈现模糊化、开放化甚至消失的趋势，这导致独自在区块链上运行的自治实体的出现。同时，区块链带来的交易成本节约和信任重构，既提高了社会管理效率，也完善了社会治理方式。如此，会给经济的运行带来前所未有的变化与发展。

区块链通证技术，会让信息流动变得更顺畅、更安全，效率提高所带来的好处多数归于消费者，许多中间环节业务甚至行业可能因此而消失。智慧城市、工业4.0、供应链管理、智能交通、普惠金融等应用场景是目前可以看得到端倪的发展趋势，会在未来涌现。也许目前人类对于区块链的认识，和19世纪80年代对电的认识差不多。原来电除了照明还有许多其他功效，由此衍生出来的产品、产业以及生活方式的改变，连爱迪生也始料未及。数据时代必须突破的一个限制，是不同数据的整合。唯有将数据串联起来，才能发挥出大数据的威力。

有人是这样评价区块链的：关于通证社区经济体，以前是公司制，现在有非营利组织，以后是通证社区，终极是人的自由联合。

区块链的出现对现有经济产生较大的影响，具体表现在：

一是区块链能够显著降低信任风险。区块链通过技术背书而非中心化信用机构实现信用创造，让交易双方在无须借助第三方中介的条件下开展经济活动，从而实现全球低成本的价值转移。区块链能够简化交易流程，提高交易处理效率。从信用创造的角度来看，区块链对优化传统机构的业务流程、提升机构的竞争力具有相当重要的意义。

二是区块链驱动了新型商业模式的诞生。例如，在金融领域，区块链技术的特点让它能够实现在中心化模式下难以实现的商业模式，尤其是在物联网的应用前景中，小规模的金融机构也能参与其中，未来"自金融"模式将成为一个新的发展方向。同时，区块链能够促进共享金融的实现。共享金融的本质是通过减少金融信息的不对称性以实现金融资源优化配置的目的，并通过严格的第三方认证和监督机制保证交易双方权益的落实，促成交易达成。

2016年，麻省理工学院斯隆管理学院助理教授克里斯蒂安·卡塔里尼（Christian Catalini）和多伦多大学罗特曼管理学院战略管理学教授约书亚·甘斯（Joshua Gans）提出了一个经济学框架，用以评估区块链技术及其功能，该框架着重于分析区块链如何通过降低验证和网络成本来对市场产生潜在影响。他们的研究得出一个重要结论，当区块链与加密资产结合时，无须运用传统的"受托方"就可以"自主引导"市场运作，从而大大降低了参与者的网络成本。该研究还发现，开放式区块链对市场结构的影响最为深远，它不仅挑战现有成员的市场实力，还降低新成员的加入成本。

然而，区块链的大多数早期应用可能会以如下方式出现：

（1）在现有区块链基础设施（如比特币网络）之上建构增值应用程序；

（2）在金融服务领域，以私有或半私有的区块链模型来提高流程效率；

（3）为新市场赋能，提供更为广泛的保证金应用流程。

公共链和私有链的使用区别，主要取决于服务类型和应用它们的行业性质。鉴于当前缺乏竞争力的市场结构和高验证成本的弊端，可以在目前受忽视或服务不足的市场中为区块链技术提供有说服力的商业案例。在设计和实施相对简单的用例中，再加上已测试的技术解决方案（如加密资产），很可能会使区块链技术得以早日采用（如为钱包和跨境支付添加数字资产支付选项）。除此之外，降低机构的复杂性和协调多个数据库组织内的项目形式将是另一种可能性。

区块链与实体经济融合发展将成为未来主旋律。在初步形成产业生态规模后，区块链将从虚拟金融走向实体产业，其应用场景将延伸至经济社会的各个行业，解决相关领域的痛点问题。从可靠性、低成本、可追溯、简流程、改善数据质量等角度，以"区块链+"的形式，探索区块链技术的创新应用，实现业务模式的变革，打造价值互联新生态。

目前，区块链的实际应用主要集中于数字货币及金融领域。未来的区块链应用将面向更多传统企业，以降低成本、简化流程、提高效率。这类应用更强调区块链的管控合规、性能安全等。

4. 通证经济与未来社会

我们在很多科幻片中看过世人对未来社会运行的想象。机器智能高度发达，所有人类社会的运行都处于高度自动化、高度有序的高效运行状态。家电是自动的，生活是智能的，购物是便捷的，居家状态是科技的，等等。例如，智能睡眠装置在你达到充足睡眠后主动叫醒，你到浴室冲澡，水温会按照你的身体状况设置最合适的温度，早餐在你到达餐厅的那一刻自动完成烹饪，智能冰箱会自动下单采购补充食品；今天一天的行程需要的交通工具都已经下单预订并设定好时间表，在你跨出家门的那一刻，就有一辆车等候在你的门口；清洁机器人在你离开的时候，开始自动打扫卫生。未来社会的人、物、事件都会像一个极大机器中的精密齿轮一样，每一个齿轮都在飞速运转、有序而高效。要达到这样精密、高效的协作程度，人与人、人与物之间信息和价值的交换必须实时且无缝。资金的支付必须在瞬间实现交换。

那么，如何才能实现人与人、人与物之间这种高效、安全、互信协作的愿望呢？需要一种就像支付宝解决了人坐在家里就能轻松购物一样的技术。未来区块链技术和智能合约技术，应用在指令触发和价值交换的人类社会的所有场景是可以预见的。当世界上所有的人、物都连接上区块链，智能合约在数学和逻辑算法的支持下自动执行时，价值的传递会无比顺畅和快捷。

区块链已成为继蒸汽机、电力、互联网技术之后科技的又一次跨越式、颠覆性、核心式创新，它也如同当年互联网技术面世给人类带来巨大而深刻的影响一样，将再次深刻地改变未来和影响人类未来的生活，并将彻底改变整个人类社会价值传递的方式。

尤其是通证经济的发展和推进，它的核心优势就是通过去中心化，运用数据加密、时间戳、分布式共识等手段，构建全新的信任机制和高效协同机制。这催生出诸多全新的应用场景。它将区块链作为一门技术，与其他产业相结合实现赋能与价值提升，尤其是与传统行业的结合。

未来，我国大力进行区块链技术攻关，其作用将是巨大的，几乎涉及我国经济活动及人们生活的方方面面，涵盖教育、就业、养老、精准脱贫、医疗健康、商品防伪、食品安全、公益等领域，还涉及数字金融、物联网、智能制造、供应链管理、数字资产交易等领域。

现在社会上的通证也在发挥着越来越重要的作用。以前，大家买东西依靠的是权威机构出示的文件证明货物是正品并且是安全可靠的。但是随着时间的推移，人们发现，权威机构并不权威，比如三鹿奶粉事件。2018年末，湖南娄底市开启不动产电子凭证时代。通过将不动产的所有信息记录在区块链上，娄底市杜绝了人为进行不动产信息造假，确保了不动产产权人的所有利益不受侵害。

区块链世界是一个理想化的世界，这个理想的世界给了我们许多的启发。如何将区块链的优势依附在各大传统行业中，正是现在许多企业家思考的方向。通证正在改变着互联网世界，推动数字经济社会的转型，相信未来通证将会在各行各业发挥越发重要的作用，让我们感受到一个更加公平、更加信任、更加自主自觉的社会环境。

当资产权益通证化后，其流通是发生在区块链网络的，区块链技术保证了整个流通过程公开透明，随时可验证、可追溯。在这一体系中，公链是通证经济体的基础设施，是下一代价值互联网的坚实支柱。通证经济共同体则是不同的公链、社区、自组织与股份制公司的纵横交错、深度耦合，将支撑起一个全新的数字经济世界。依托通证，实现产业内部的流通、交换，是一种更为高效的协作形式。目前，通证经济体的发展尚处于探索和试验阶段。未来，基于各个链将形成一个个通证经济体，而某些通证经济体又将连成更大的通证经济共同体。通证经济共同体以共识、共治、共建、共享的方式驱动，由通证打通证券、加密数字货币、股票等介质，形成由公司、自组织、社群等联动组合而成的混合式社会。

那么我们未来的生活将如何受益呢？

（1）数字身份。现在很多信息都发布在互联网上，因此数字安全成为大家关注的重点。作为开放空间，互联网很容易遭到黑客攻击。这是一个大问题，区块链很可能是一个解决之道。借助这项技术，可以轻松跟踪和管理数字身份，而不必担心信息泄露。除了保护数据，区块链技术还降低了成本。由于所有内容都分布在一个网络平台上，因此系统中的人员可以轻松访问信息，如护照、出生证明、结婚证书、电子居留权、身份证。这将大大便利数字身份的使用，我们仅需要办理一个区块链数字身份证就可以用于各种需要证明身份信息的场景了。

（2）卫生保健行业。医疗保健行业是一个大行业。尽管当前的系统可以有效地处理这些数据，但是也要花费大量时间来管理和提取需要的信息。借助区块链，我们可以创建带有时间戳的通用记录存储库，从而轻松地在不同的数据库提取数据。这样，患者不用为报销医疗费跑断腿，换家医院就要反复体检，真正做到让"数据多跑路，群众少跑腿"，还可以降低卫生系统的管理成本。

（3）旅行消费变得更加便捷和经济。滴滴打车、携程、美团等国内公司以及国外的优步（Uber）等公司充当聚合器，将服务提供商与需要该服务的客户联系起来。集中式聚合器是控制者，它们设定了自己的条款和条件，从每笔交易中提成。如今，区块链正被用于去除中间商，为服务提供商和客户创建一个安全、去中心化的直接连接和交易的平台。

（4）更好的银行业务和交易。如果你对区块链略知一二，那么肯定听说过智能合约，它们越来越受欢迎。智能合约是具有法律约束力的可编程数字合约。例如，A和B希望将来在特定时间兑换一些钱，只有满足特定条件，这种交换才会发生。所有这些信息均被编码进智能合约中，一旦满足所有条件，系统就会执行资金的转移。由于一切都是自动化的，并且系统执行任务，因此使整个交易过程变得容易、快速和高效。这将为金融服务业提供一个基础，使其能够提供更高速和成本更低的服务。区块链平台允许用户创建在满足某些条件时自动执行的智能合约，这意味着一旦交易双方同意的条件得到满足，付款就会自动释放。

（5）智慧的供应链。知道供应链上每种产品的状态、状况和出处对于企业而言至关重要，对于消费者来说，产品来源也越来越受到关注。迪比尔斯（DeBeers）计划使用区块链技术来追踪钻石从矿山到客户手中的全过程，这将提高透明度，并使客户能够验证自己的钻石是否来自非冲突地区。沃尔玛也使用区块链技术追踪农产品的安全性。2018年，成批受污染的生菜在美国使数十人生病，导致零售商将生菜从商店撤出，这是保护消费者的一种预防措施。从2019年开始，农民必须将其农产品的详细信息记录在区块链上，这样一旦将来出现任何污染问题，沃尔玛都能够迅速追踪到可能受污染的批次。智慧的供应链将使我们日常吃到的食物、用到的商品更加安全，让我们更加放心。

（6）保险业效率将得以提高。美国一些全国性保险公司正在试用一个称为RiskBlock的区块链解决方案，该解决方案可提供保险证明信息，目的是帮助执法人员和保险公司（更不用说被保险人）实时验证保险范围，并使索赔过程更快、更有效。通过区块链的智能合约，RiskBlock确保支付有效的理赔，具有革新保险理赔的潜力。例如，区块链技术将立即检测到是否已针对同一事故提出了多个索赔。当满足相应的索赔条件时，智能合约可以自动触发付款，无须任何人工干预，从而大大加快了索赔的处理速度。

（7）数字投票。区块链技术在确保透明的投票程序方面具有明显优势。使用区块链技术，投票者可以确信他们的票已成功投出，同时其他人都不知道投票者把票投给了谁。

5. 通证经济与未来世界

实现经济全球化面临诸多挑战，其中征信系统的局限性尤为突出。现有的征信系统由于成本太高、作弊成本太低、错判份额太高，可能在成熟之前就已被淘汰。而且这些系统往往局限于单一国家，无法实现跨国界的数据对接。区块链技术与生俱来就是跨国家的、跨平台的、跨语言的。简单来说，区块链的诞生与发展具备全球化的特征。

基于区块链技术下，查一个人的信用，只需要分享自己的"观察钱包"，经过鉴权确认即可，跟语言和国家无关。

全球化通常被划分为三个阶段，第一阶段是一战爆发前的早期全球化；二战结束之后的中期全球化及二战结束以来的晚期全球化。第二阶段由美国启动，主要是以贸易的方式推动，特征是国际贸易扩张。国际贸易的基本原则就是比较优势原则。简单来说，就是每个国家把自己搞得最好的商品拿来交易，相互促进发展。我国的服装、家电等传统贸易就做得很好，高铁、飞机等高科技贸易做得也很好，中国制造流通全球，狭隘的特朗普认为贸易全球化助力了我国，威胁了美国，所以一再按动反全球化按钮。

第三阶段，美国依然是第三次全球化浪潮的主导者，中国是主要参与者。早在奥巴马政府晚期，我国就推出了互利共赢的"一带一路"倡议，在发展自身的同时也给所有愿意同我国协作的国家和地区带去机遇。古人说得好，得道者多助，多助之至，天下顺之，我国将在此过程中整合全球资源，配置于所有的全球命运共同体。我国成为世界第一大经济体只是时间早晚的问题，在此过程中的任何一场不可避免的技术与思维革命，我国都不会缺席，如区块链技术。

相比以前，我国现在更有能力搞好"一带一路"倡议。我们知道，在全球范围内，每个国家都有自己的金融系统，相互之间的对外贸易很不方便，都要先储备美元，再用美元购买国外的商品，有相应的利润还要换回本币。而"一带一路"再加上"一链"，相应的麻烦与耗损就可以避免。区块链技术将在对外贸易上起到关键作用。从报关手续到商品通关，从供应链追溯到物流配送，从电子交易到跨国反腐，区块链能提供省时省力又极其可靠的解决方案，让全球联系变得更加紧密便捷。未来区块链教育也能实现全球化的教育资源对接与共享，教育的征信系统将在全球流通。

40多年前，我国刚开始改革开放时，放眼全国也没有一座摩天大楼。如今，全球最高的10幢大楼中有8幢在我国，中国已成为世界第二大经济体。区块链的出现能够带来更多机会。作为一项拥有很多特性的新技术，它将成为一个跳板,为"一带一路"的落地生根、茁壮成长解决一些根本问题,也为自身的发展带来更多实验性契机。

在没有足够多证据的情况下,我们可以假设:区块链将在第三次全球化过程中扮演非常重要的角色,那么它也将在此过程中助力中国在区块链领域取得卓越成就。尽管第一代区块链诞生于美国,第二代加密货币出自俄罗斯,但日后更多的机会必然在中国。中国早已是世界第一大互联网国家,有区块链作为互联网发展的升级或者互补,中国的互联网产业的高速发展及其带动作用都非常可期。尽管现在普通民众可能还没有充分意识到这一点,但作为亲历过这些年的高速成长的我们,不能质疑这一点。

在区块链带动的全球化进程中,未来的每个人都将有机会参与其中。区块链会给每个人一个可期的未来。

区块链这一对我们未来几十年的生活产生巨大影响的科技已经到来,届时,它将大大降低现实经济的信任成本与会计成本,甚至重新定义这个世界的产权制度。尽管这种史无前例的变化还没有到来,我们仍需为迎接它做好准备。

首先,我们要对它更包容。

电灯问世之初,曾遭遇煤油灯的打压。火车飞奔之始,曾受到马车的排挤。如今,依然有人排斥高科技,裹足不前。作为一种底层技术,区块链技术的进一步发展既取决于我们对它的包容性,也取决于它自身的包容性,也就是它与现有商业体系的融合能力。如果区块链只能用于一些较小的领域,那么它必然不会发扬光大。我们早已经介绍过,它的底层应用范围极其广泛,相关技术瓶颈也并不是磐石一块。比如我们知道,蚂蚁金服自主研发的数据库处理峰值可达 4200 万次/秒,而区块链处理的交易速度还不及其 1%,但这仅意味着区块链还要一段时间来发展潜力,这是一个技术上的问题,迟早都会解决。区块链一时之间不能解决上述问题,一定程度上也是因为它兼顾得太多,既要安全又要速度,既要去中心化又要普惠,我们要给它充足的时间去努力。

其次，助力区块链去伪存真。

近年来，随着区块链概念的火爆，许多打着区块链旗号的诈骗组织与个人频频出现。很多人质疑，区块链是不是虚火过旺？是不是该降温了？其实恰恰相反，大浪淘沙始见金，真金还要接受烈火的考验。大部分收割者之所以被骗，主要是因为没有足够能力真正理解区块链。犯罪团伙往往把区块链吹得天花乱坠，对普通人迷惑性很强，强化了一些人不合理的幻想。

产业界应该深入推进真正的区块链技术落地应用；公众应该尽可能地了解区块链，宣传区块链；政府则应理性、务实地引导区块链，并且多部门联合监管与联动打击区块链的害群之马。多方构建一个去伪存真的大环境，区块链必然会有更好、更长足的发展。

最后，在前述基础上多多参与。

不要把区块链想象得过于高深就望而却步。只有体验过了，我们才能了解区块链，也才能更好地向别人宣传、介绍区块链，或者及时阻止别人的不理性行为。参与不等于炒币，建议先从"撸币"开始；在应用方面，可以先从玩一些区块链小游戏，参加一些区块链应用技术公司的小活动，等等。总之，你在区块链上的所有动作应该与你对它的掌握程度同步，既不要畏首畏尾，也不要做超出自己理解范围的事。

全球化的阶段划分本质上反映了权力转移与技术革命的互动。当前，在数字化与地缘政治的双重压力下，全球化正从"效率优先"转向"安全与韧性优先"。未来的全球化可能呈现"区域化 + 多极化"特征，而新兴技术的普及（如 AI、区块链）或将成为下一阶段的核心驱动力。

6. 数字货币是数字经济发展的基石

《中共中央关于制定国民经济和社会发展第十四个五年规划和二〇三五年远景目标的建议》中明确指出："完善货币供应调控机制，稳妥推进数字货币研发。"习近平总书记也强调指出："我们要乘势而上，加快数字经济、数字社会、数字政府建议，推动各领域数字化优化升级，积极参与数字货币、数字税等国际规则制定，塑造新的竞争优势。"①2014年中国人民银行正式启动法定数字货币研究，是最早进行数字货币研究和试验的央行。自2024年以来，数字货币受到各界的广泛关注。4月，中国人民银行数字货币在雄安新区、深圳市、成都市、苏州市开展试点。8月，雄安新区麦当劳等公司试点数字货币，苏州的部分公务员领取工资采用数字货币形式。10月，深圳市政府联合人民银行开展数字人民币红包试点。

数字货币是以数字形式存在、没有物理载体的货币。其中，各国央行发行的数字货币，都是法定数字货币。中国人民银行发行的数字货币又可称为数字人民币。数字货币不同于虚拟货币，数字货币是央行发行的，享有国家主权信用支持，具有无限法偿能力；虚拟货币是私人主体发行的，被某个群体成员使用并接受的数字货币，其缺少信用背书和资产支持，具有较强的可替代性，网络空间的各种代币以及比特币、以太币等均属此类。进言之，虚拟货币即使是与法定数字货币保持一定的兑换比例，也只是履行代币角色而不是法定数字货币。数字货币也不同于电子货币、移动支付。数字货币是货币形态的变化，背后不需要纸质货币支撑，其支付交易与银行账户是松耦合关系；电子货币、移动支付是支付方式或支付渠道的变化，没有改变货币形态，背后有银行账户支撑，与银行账户是紧耦合关系。

数字货币的出现是历史发展的必然，是科技进步与经济发展共同作用的结果，更是经济数字化转型的内在要求。从科技进步方面来看，密码算法、移动互联网、大数据、云计算、区块链、终端存储、人工智能等科技发展，为数字货币的出现奠定了技术基础。从经济发展方面来看，随着经济的发展，各类支付结算行为更加频繁，需要的货币量也会越来越大，以央行法定数字货币逐步替代纸币，可以有效节约纸质货币的设计、印制、发行、回笼等成本，有助于降低货币运行成本。从经济数字化发展来看，

---

① 习近平：《国家中长期经济社会发展战略若干重大问题》，《求是》2020年第21期。

每个时代的发展都有对应的货币形态，农业经济时代的实物货币、贵金属货币，工业经济时代的纸质信用货币，数字经济时代也需要数字货币来完善金融基础设施，更好地服务经济发展。

中国数字货币发行仍然采用双层运营体系，其着眼于替代流通中的现金 M0。就实际情况来看，数字货币发行采用央行与商业银行的双层运营体系，即央行数字货币投放给商业银行，商业银行将数字货币发放给公众。该做法有助于充分利用央行与商业银行的优势，充分利用商业银行的资源、人才、技术等，也可以有效规避央行数字货币发行与商业银行存款货币之间形成竞争关系。尤其是从信用货币创造的角度来看，其更需要商业银行采用贷款创造存款的方式进行信用货币创造，因此数字货币发行采用双层运营体系是必要的。现阶段央行数字货币的重点是替代流通中的现金 M0，与纸质人民币等值兑换，而不是替代狭义货币 M1 和广义货币 M2。这是由于狭义货币 M1 和广义货币 M2 本身已经基本实现电子化或数字化。也正是央行数字货币主要着眼于替代流通中的现金 M0，所以对央行数字货币不应该计付利息。与此同时，数字货币主要是替代 M0，所以其针对的更多是零售，对于机构间、大额实时交易的影响较小。

相比之下，数字货币优势明显的同时，也存在需要深入研究解决的问题。在优势方面，央行发行数字货币除减少纸质货币的部分运行成本外，还有如下优势：从微观方面来看，数字货币采用可控匿名方式，使得央行可以查询追踪交易记录，商业银行、支付机构等无法查询交易信息，确保了交易的即时性和透明性，也有助于保护个人的交易信息和隐私。而在实名账户管理制度下，移动支付与银行账户存在紧耦合关系，无法真正实现匿名支付需求。也正是可控匿名交易，让央行掌握货币交易等信息，有助于反洗钱等监管工作的开展。从宏观方面来看，央行可以通过数字货币发行等精确测算货币量、货币结构、货币流通速度等，为开展宏观调控提供更加翔实准确的数据基础，从而有助于完善货币供应调控机制，完善宏观调控。与此同时，也要认识到数字货币的推广应用可能面临新的挑战，尤其在金融监管方面。此外，对商业银行支付结算、客户服务、普惠金融、产品创新等方面的影响也需要研究解决。

总之，数字货币是数字经济发展的基石。发展数字经济，推动数字化发展已经是不可逆转的大趋势。数字货币具有坚实的技术基础，在逐步取代纸质货币后，更适应未来数字经济发展的需要。中国央行在数字货币研发方面走在了全球的前列，我们需要认真贯彻落实习近平总书记关于积极参与数字货币国际规则制定的重要指示，在数字货币的应用形态、技术标准等方面抢占先机，在打造国际竞争优势中争取主动。数字货币作为金融基础设施的一个重要组成部分，也将在提高交易效率、保护消费者权益、维护金融稳定、优化宏观调控、畅通经济金融运行、完善社会治理等方面发挥积极作用，从而推动经济高质量发展和数字中国建设。

四、通证经济未来发展思考

1. 通证经济将加速实现全球经济一体化

尤瓦尔·赫拉利在《人类简史》里说道，正是这些"虚构出来的事实"才使智人脱颖而出，建立起人类的文明。人类正是依靠法律、国家、民主、民族、公司这些想象的共识，维护着社会的秩序与发展。

当前，世界正在进入经济全球化的新时代。全球化利益的实现依赖于一系列现实条件，主要包括物质技术状况和基础设施条件、地缘利益格局和市场势力结构、国际制度安排及全球治理结构等。在经济全球化的新时代，国际竞争的本质是国家"善治"，而不是武力和霸权；最重要的是成为充满创新活力的国度，从而体现经济体的生命力、竞争力和创造力。所以，中国在经济全球化新时代中的地位将取决于未来从曾经的"高增长引领世界经济"转变为"善治与活力引领世界经济"的程度。在经济全球化新时代,世界各类经济体的利益相互交织,形成了一种复杂的相互依存的关系。这种状态意味着各国经济的兴衰往往相互影响,利益高度重合。虽然矛盾难以避免,但大多数国家都认识到更具包容性和均势性的全球发展,符合他们的利益,维护经济全球化发展的新均势同各自的国家利益相一致。所以,利益关系错综复杂和矛盾冲突难以避免的经济全球化新时代,有可能是一个比以往的经济全球化时代更加和平的、竞争和融通的全球经济一体化时代。

通证经济将大大加速"信用经济"的进程。资产通证化带来的自金融能力,会进一步实现"金融平权",这是由通证经济的特点决定的。其特点主要表现在:

(1)人人是自媒体,共同开创互联网平权时代。人人发微博,人人发公众号,人人直播,人人发朋友圈。

(2)人人是银行,共同创建金融平权空间。去中心化,无资金池,无中心账户。

(3)人人是股东,共同打造企业平权平台。只要参与就可以获得通证,只要得到通证就是持有原始币权,就相当于持有等值股权,只要持有币权就是平台股东。没有领导,没有会员,只有协作。

(4)人人是"矿工",共同创建平权社区。没有团队,没有系统,只有互助。

(5)人人是投资人,共同创建平权币圈。天使轮、基石轮、私募、公募,自愿自由认购,国际大盘公平交易,买入卖出自己随意。

所以,区块链技术最终实现的是"自由人的自由联合",这便是通证经济时代的特征。

根据以上特点,在通证经济时代,因为采用的是区块链智能合约技术,因此不用注册公司,大家依靠对彼此的信任公平公正地参与区块链社群,并获得Token(通证),成为股东。在区块链社群,人人都是股东,没有领导,没有员工,有的只是大家的积极协作。因此,通证经济时代或将促使全球经济一体化。

通证依附于区块链，区块链存在于互联网。互联网金融世界比任何一个国家的疆域都要广阔，而且在这里没有时间、地域、种族、空间的限制，这为数字货币在互联网金融世界流通创造了得天独厚的优势。那么如何建立信任机制，让系统中的每个人都能达成共识并信任这个系统，就成了互联网金融世界的首要问题。基于此，区块链技术已经给出了答案：分布式账本、去中心化、不可篡改的数据，这些特性正是当下互联网世界最需要的，也为建立新的信任机制提供了一种可行的方案。在这种方案下，随着更多用户的参与，数据越难以被攻击，系统也就越公平公正、透明公开。

通证给数字经济转型提供了一个捷径，上述的所有数字加密货币在各自的区块链上具有权威的流通能力，可以在极短的时间内在世界各地完成交易。也没有烦琐的交易手续，解决了很多跨国家、跨地域的小额外汇转账手续烦琐的问题，便利了人们的生活。相信某一天，当数字类通证可以在全球网络中流通的时候，就意味着我们成功地步入数字通证经济时代。

我们生活在全球化时代，却没有一个有效的全球化贸易的工具。信息系统支离破碎，在完成交易方面形成了延误。如果没有关于货物的透明、现成的信息，国家海关壁垒就会延误货物转让。即使是历史上被用作购买和销售产品的法定货币，也是本国货币，在全球流通时，必须将其兑换成其他货币。

而区块链承诺能解决这个问题。区块链是一个分布式的分类账系统，它维护打开的记录，其中所有的变更都是可见的。这种透明度带来了若干好处，其中最重要的是能够更快、更有效地提供金融服务。此外，区块链还提供交易确认，且没有传统金融机构所要求的时间期限，从而创造了一条通向全球经济增长的更宽的道路。区块链提供的透明度也使交易所涉的每一个人，包括从购买者到港务局，都可以获得信息。通过创造国际货币及所有权记录的透明度，区块链正在创造一种新的媒介，通过它在全世界进行交易。这可能是满足国际商务需要的答案。

另外,区块链资产是基于互联网的,只要有互联网的地方,区块链资产就可以流通。这里的互联网可以是万维网,也可以是各种局域网。所以,区块链资产是全球流通的,甚至即使在月球、火星上,只要有互联网,区块链资产就可以实现交易。

跟中心化金融系统相比,区块链资产在全球流通的转账手续费非常低。比如,比特币早期转账手续费为 0.0001 BTC,其他如 Bitcoin Cash 网络转账手续费为 0.0001BCH,达世币(Dash)的转账手续费为 0.002 Dash,以太坊的转账手续费为 0.01 ETH,非常便宜。相对于传统转账,区块链资产到账也非常快,只要几分钟到 1 小时就能到账。所以,区块链资产能够高效、低成本地实现全球流通。

2. 通证经济将有效协调国际合作交流

通证经济具备的价值激励可以有效促进国际合作交流。如果说区块链是技术支撑,那么通证就是它的价值分配体系。所谓通证经济,就是对整个系统里多方角色的激励设计,即如何激励各个角色都沿着系统的目标行动,从而实现系统目标和个体利益的一致。而在未来通证全面实现的世界里,会存在一个个价值社区,通证是社区的边界,人们可以自己参与多个社区,成为其成员甚至建设者。

相信未来的世界,正是有了基于通证激励的方式,才能够让不同的人彼此信任互相合作,因为他们有着共同的价值观念。未来的合作将不会受限于年龄、性别和地域,这将让人类的连接更高效、更稳定。随着区块链技术应用的逐步成熟,现在全球正处于一场新工业革命的边缘,区块链、人工智能、物联网、5G 等技术崛起为新基础设施,引领数字经济时代的发展。对于区块链技术而言,它正被广泛应用于各个领域,个人、企业乃至国家,都开始认识到区块链对推动整个社会乃至整个世界发展的巨大潜力。

国家与国家之间也在对区块链技术和通证经济展开合作和交流,例如:

(1) 2018 年的博鳌论坛上,中俄签订"国际合作中心——远东健康科技创新产业城"项目,投资总额达197亿元人民币,双方共同建设国际科技创新城,在多个领域展开紧密合作。该项目是区块链领域政府牵头、国际合作的第一次成功实践。当前区块链领域各国团队各自为战,急需共同的标准和深层次的沟通协调,而政府的支持更为整个行业的发展提供了强大的驱动力。

(2) 2018年4月,联合国项目服务事务厅(UNOPS)与荷兰政府的一项区块链试点项目开展合作,旨在探索如何将分布式账本技术应用到联合国系统及其外部实体的法律申请中。

(3) 2018年7月,联合国秘书长安东尼奥·古特雷斯提议创建了一个数字化合作高层小组(High-Level Panel on Digital Cooperation),明确将区块链技术纳入议程。

(4) 2018年9月25日,区块链慈善基金会与联合国开发计划署在"区块链促进包容性可持续发展边会"上签署合作协议,双方共同致力于推动区块链技术在社会公益事业中的应用。2019年10月,联合国儿童基金会收到了来自以太坊基金会的第一笔比特币和以太坊捐款。

(5) 2018年5月29日,由西南财经大学中国区块链研究中心主办,四川省区块链学会(筹)协办的主题为"区块链的未来"(The future of blockchain)的合作交流活动在西南财经大学成功举办。活动邀请多位海内外区块链专家共同探讨区块链行业发展趋势和技术创新。

除了以上这些合作交流,区块链技术和通证也会在国际贸易领域有很多具体应用:

一是区块链带来跨境支付新模式。通过创建跨境支付新模式,可以在贸易双方之间直接进行点对点支付,共同参与支付验证。这种模式在降低跨境支付风险、提高跨境支付效率、节省银行资源等方面有明显优势。

二是区块链技术带来跨境贸易融资服务。通过建立国际贸易窗口跨境融资服务平台,依托单一窗口平台大数据优势,采用区块链技术,解决贸易融资过程中信息不对称这一核心问题,降低金融机构融资风险,减少各国进出口企业融资成本。

三是区块链技术带来商品供应链信息服务。通过建立国际供应链信息服务平台，可以针对性地实现单一垂直行业的深度服务。平台内嵌区块链技术，实现了贸易信息的分布式存储、数据防篡改和信息可追溯，为进出口上下游企业提供从源头到消费的"端到端""可视化"供应链信息服务，提高了监管效率和精准度，有效降低了监管成本和企业负担。

四是区块链技术的保税展示展销智慧监管和服务。原来，在保税展示业务的通关和保税监管过程中存在大量重复输入和数据核实等问题，引入区块链技术和通证经济后，通过打造基于区块链的保税展示展销智慧监管和服务系统，利用区块链分布记账、共享账本、不可篡改、多方验证等优势技术特点，不仅为国内外企业减少了数据重复提交，提高了运作效率，还通过上下游交叉验证提高了数据准确性和业务真实性，可实现全程"无感"监管。此系统还可以引入税务、银行、保险、物流等关联机构上链，为参与的进口贸易商提供更加可靠、便捷的金融、物流等全程"一站式"服务。

随着未来区块链和通证经济的不断发展，国际合作与交流一定会有更广阔的前景。

3. 通证经济将促进人类社会文明"信任经济"

说起人类社会文明，一定绕不开信任经济，"信任"不是政治，不是权力，更不是专利，而是共识性的意见，而且共识的形成来自完全自愿、独立自由的协商。

区块链从诞生到发展，从挖币到记账，从打造数字经济到实现信任经济，履行的就是一种契约与共识制度。

（1）区块链的共识机制

讲到"共识"，在我们的日常生活中，几乎所有的事情都是达成共识的过程。达成共识的过程越分散，其效率就越低，但满意度越高，因此也越稳定。相反，达成共识的过程越集中，效率越高，也越容易出现独裁和腐败现象。达成共识常用的一种方法就是通过物质上的激励来对某个事件达成共识，但以这种方式形成的共识容易被外界其他更大的物质激励所破坏。还有一种就是群体中的个体按照符合自身利益或整个群体利益的方向来对某个事件自发地达成共识。达成这种共识需要时间和环境因素的共同作用，但是一旦达成就会很稳定，不容易被破坏。

在比特币和其他区块链币中，也存在如何达成共识的问题。或者说，比特币或其他区块链币最核心的问题也是如何在去中心化的环境中达成共识。

区块链能在众多不稳定节点中达到某一平衡状态，没有一个可靠的共识机制是难以想象的。从技术角度来看，密码学和共识算法是区块链项目的两大技术基础。

在分布式系统中，互不信任的节点一起工作，根据某种规则达成信任关系并保障系统整体一致性和持续性，这种规则可以抽象成共识过程。具体到区块链，共识机制是区块链节点就区块信息达成全网一致共识的机制，即就如何选择记账人达成共识。

在区块链系统中，虽然没有一个像银行一样的中心化记账机构，但却通过去中心化的方式保证了每一笔交易在所有记账节点上的一致性，即区块链让全网达成了共识。目前，区块链涉及的共识有三类，分别是算法共识、决策共识和市场共识。

①算法共识。算法共识属于分布式计算领域中的问题，目标是在充斥各种差错、恶意攻击、不同步的对等式网络（Peer-to-Peer Network）中，且在没有中央协调的情况下，确保分布式账本在不同网络节点上所备份的文本的一致性。

②决策共识。决策共识是指在群体决策中，群体成员发展并同意某一个对群体最有利的决策。决策共识常见于政治活动和公司治理中。例如，比特币社区关于"扩容"、分叉的讨论可以在决策共识的框架下理解。

③市场共识。市场共识体现在市场交易形成的均衡价格中。区块链内资产参与交易时就涉及市场共识。

在我们的现实生活中，为了实现互联网上的"价值转移"，出现了很多中心化的第三方机构，如淘宝系统的支付宝、腾讯的微信等。在信用问题上，我们似乎是别无选择地需要信任这些机构。那么，假如这些中介机构出现了信用问题呢？假设，支付宝平台崩溃了，微信被黑客侵犯了，这时作为信任这些第三方中介机构的我们，是否会因此遭受损失呢？结果显而易见。

（2）区块链是如何生产信用的

第一，这个系统分布在全球各个角落，部分系统宕机，其他所有节点依然记录了每一笔账目，所以不会影响整个系统的运作。

第二，每个节点的账本数据一模一样，避免了篡改数据和数据造假。

区块链数据确认规则：如果两个账本对不上，默认以账本数量多的那个节点为准。而这些账本是获得了超过50%的记账参与者（节点）同意的。所以，如果你想要篡改，至少要控制系统中50%以上的节点才行，这也就是常听到的"51%攻击"。

要成功地进行"51%攻击"有多难？

首先，节点总数量高达成千上万甚至数十万，并且还在不断增加中。其次，节点分布在世界各个角落，要控制世界上的大多数电脑，才能篡改其数据。再次，这个攻击是需要构建出跟原先账本中一样多的节点后，在比原先的节点数量更多的情况下才能被认可。最后，从电力等成本上说，要实现这样的一个攻击，所付出的成本高达270亿美元。

所以，区块链利用不分国界的全民全网参与方式，解决了各国国情差异以及中心化平台作为信任桥梁容易出问题的情况。同时，它又利用环环相扣去除被攻击风险的方式，解决了中心化系统的安全"信用"问题，最终形成了一个成本低、去中心化、去第三方、集体协作的网络体系。因此，其被《经济学人》比喻为"信任的机器"。

在现代商业社会中，财务制度、法律法规的完善和私有财产保护构成了三大基石。任何一个对于现代商业社会制度熟悉的人，必定会对这三项巨大的创新无比敬仰，因为它们对于推动商业历史的车轮，有着无比巨大的作用。即使到了互联网时代，依旧能够看到它们在推动互联网发展时发挥的良好功效。然而，区块链有可能将这三大基石带入一个全新的阶段。

在区块链的世界中，保护私有财产的法律，变成了智能合约，且无法被人任意篡改和摧毁。至于资产，在区块链中，只要你不交出私钥，就没有任何人能够夺走属于你的资产。区块链用于商业合作也是如此。在合作中，如果双方有一个公共的、共享的账本，且这个账本是相互认可、公开、透明、可信的，那么人与人之间就少了欺诈，多了信任，这样的社会不正是我们所期待的吗？

4. 通证开启下一代互联网数字经济

随着时代的变化和发展，经济和商业模式也在不断创新升级，如从之前的免费模式到现在的共享模式，从原来的社群模式到现在的直播模式，商业模式的革新从未停止。区块链技术的出现和发展，预示着下一代互联网数字经济商业模式的开启。

区块链技术的发展同时伴随着物联网和人工智能的进步，这些技术取得了不断进步，并为经济社会带来一系列的机会和创新。

区块链不仅是一项新技术，更是一种与传统经济机制竞争的组织或制度设计。它有助于传统实体经济交易从集中层级组织中退出，回归到分散决策的市场中。就像多年前的互联网一样，区块链也正在悄然改变着我们的生活。尤其是区块链中的通证，凭借其固有的内在价值，立足于实体经济，为实体经济服务。通证能够启发和鼓励大家把各种权益证明拿出来通证化，放到区块链上流转，放到市场上交易，让市场自动发现其价值。同时，这些通证在现实经济生活中可以消费、验证，非常贴合实体经济。这与单纯发币不同，后者不是服务实体经济，而是搞一条链把目标放在价格炒作上，导致币空转而不产生实际价值。

为什么相较于单纯发币，通证会那么有意义呢？这也是通证的核心，通证并不是靠币的价格来达到暴富（当然也有很多抱有这种心理的人），通证代表的是经济，参与的也是实体经济，既有利于经济发展和多方的参与和协作，也有利于国家的监管和微观社会的管理。

之所以通证是有价值的，并且能够带动新一轮数字经济，原因在于：

第一，通证的参与度自由，任何人、任何组织和机构都可以基于自己的服务和资源发行权益证明。通证在区块链上运行，保证了安全和可验证、可追溯，使其既具备可信性和可靠性又具备参与性，这是其他方式都不能达到的。所以每一个组织和个人现在都可以很轻松地把自己的承诺书面化、"通证化"、市场化。这是人类社会从来没有过的能力。

第二，通证的流通速度非常快，比我们传统的卡、券、积分等要快几百几千倍。而且由于密码学的应用，这种流转和交易极其可靠，纠纷和摩擦将成百上千倍地降低。

第三，由于通证带来的透明化交易和高速流转，使得通证的价格能够被市场迅速确定。这样，通证就好比一双无形的手在操控着市场价格讯号，将把有效市场甚至完美市场推到每一个微观领域中。

第四，通证围绕智能合约创造的新机遇将远远超过先前互联网时代和计算机带来的机遇的总和。

第五，通证经济将会推动一个多价值尺度的经济，同时也会有助于发展多价值尺度的现代社会。举个例子，某城市对市民发放一种积分，用来奖励市民的良好社会行为，比如绿色出行、低碳排放、垃圾分类等。实际上一个先进的现代社会需要多个价值尺度来指导人的行为，仅货币这个单一尺度有很多弊端。再举一个例子，一个很有钱的人可以开着大排量豪车以危险的方式驾驶，你对他进行一般性的罚款，他可以毫不在乎。但是通证经济就可以将各种尺度都通证化。比如这个人可能很有钱，但是他的环保通证和驾驶通证很低，那么他在某些事情上就会受到整个社会的限制，他也就会有所顾虑，从而约束自己的行为。这对于整个社会的文明和管理都有十分重要的意义。

第六，区块链技术的出现让所有数据都有了原始存档，无法篡改又方便追溯，谁有了问题更无法抵赖，这样就增强了主管部门的监督效果。真正的市场经济必须是监管良好的经济，没有监管的市场，将是或垄断或分裂的市场。通证经济既能促进自由交换，又能加强监管，是市场经济的一次大升级。它本质上是通过密码学和跨国界的开源开放的超级计算机等未来信息基础设施，对市场经济进行重新定义，从而对实体经济产生巨大和本质的推动。人工智能、通证、区块链这三项结合起来，已经不是简单的生产和生活方式的变化，而是推动人类文明演进的重要力量。

5. 通证经济是更高层次的自由

区块链技术是商业模式重构的基础，凡是链上的参与者都是一个共同体，可以设计共同的交易结构，这个区块链就会成为一个具体的生态系统。区块链技术较互联网数字技术而言更进步，发展也更合理，更符合人们的生活需求和经济发展追求。

我们可以想象一下，假如把区块链出现之前的互联网比作原始社会，所有的信息都不能得到很好的保护或者想保护成本也非常高；而在有了区块链技术之后，未来任何一笔数字资产的生产、流通、增值都有具体的记录。那么我们就可以说，区块链使得互联网的"原始社会"进入了"私有制社会"，生产力一定能得到极大的发挥和创造，同时也能实现更高层次的自由。

区块链技术的核心价值在于其颠覆性，每一代技术都在前一代技术的基础上实现了质的飞跃。从比特币到以太坊再到通证，尤其是通证的出现承载着价值的量化互联。互联网是一种关于传输的技术，区块链在互联网的基础上通过通证实现更高效的传输，这是区块链真正的价值。通证能够实现多阶级、多维度、多状态的参与，未来将是人人公链下的人人发证。

通证的参与形态有两大群：一个是链群，一个是社群。链群是垂直应用公链和水平记账公链纵横交错的公链集群。每条公链都是一个通证经济体，跨越多链构成通证经济共同体。社群跟社区有很大的区别，互联网的群众基础是社区，区块链的群众基础是社群，这是两个平行的世界。

我们信任区块链的比特币，信任以太坊和通证，是在信任他们的什么呢？一是信任机器执行的代码，这些代码代表逻辑和不变的规则，能够在机器上严格执行而不被人为更改。二是信任这套构建在网络上的分布式系统足够健壮稳定，运行在其上的这一套记账代码能够严格正确地记录数据。区块链带来的不一样的地方，是这种信任模式的重塑与转变，从对人对组织机构的信任，转变成对机器、对代码的信任，这种转变为变革带来无限的想象空间。

在区块链的世界里，人与人的关系建立在信用的基础上，这样人们才能充分享受通证经济这样一个自由度极高的新生态经济。有人形容，通证经济最终能够实现从自媒体向未来自金融这样高度自由的新生经济形态发展，而这种自由不是无组织、无纪律、无政府主义的自由，恰是有信用作支撑、人人自律和自我监督的自由。

区块链的世界，之所以可以被视为与互联网平行的世界，重要原因在于通证。通证不应该是一个小众的高端作品，而应该被广泛应用，应该与每个人息息相关。通证怎么样才能做到这一点呢？未来，通证的使用应该非常简单，实现一键发证、即插即用。只要会写微博、会发微信朋友圈的，都能够轻松使用。同时，开发一个带通证的DApp，应该是100行代码就可以搞定的事情。通证是多阶、多维、多态，终极理想应该是实现人人公链下的人人发证。

区块链新世界的去中心化，首先是人人参与、深度参与。这种深度参与体现在人人发证、人人"挖矿"，最终的目标是人人公链。

前几年，当人们讨论项目发展及投资方向时，区块链的讨论范围通常包括私有链、联盟链和公有链。但随着区块链的发展以及人们认知的提升，公链逐渐成为关注的焦点。公链的特点是为大规模的不同主体提供了一套协作工具，同时在这些主体之间建立了信任的基础。公有链允许全世界任何人都可以通过它读取交易信息、发送并完成交易请求，此外还可参与共识过程的区块链。信任是基于区块链的共识机制而产生的，并非基于主体间的默许或通过中间环节而建立的。所以，公有链不仅是区块链发展的最原始形态，也是区块链世界的操作系统，底层公链更是区块链世界的基础设施。未来，谁在公有链竞争中占据绝对优势，谁就相当于有了进入区块链世界最大赛道的重量级砝码。

试想一下，通证经济未来与每个人息息相关，也就预示着，我们将从使用智能手机的手机人转变成为"通证人"，最终实现我的数据我做主。而要实现这一点，必然涉及人人挖矿、人人发证和最终的人人公链。

科技发展到今天，若内心没有信仰、没有敬畏，科技的伟大可能就是毁灭的开始。从这个角度来理解什么是区块链、什么是区块链的共识、什么是密码学基础设施，以及信仰、信用、信任这"三信"之间的关系。这些哲学层面的思考和理解，看似与区块链、与通证经济无关，但实则却恰恰是区块链和通证经济的基础。还是一句话，通证经济是更高层次的自由经济形态，前提是高度自律。如何做到高度自律？内心有信仰、有敬畏之心。

真正的通证经济一定是建立在公链基础之上的，公链不仅是比特币或者以太坊，而且是基于某个应用或垂直行业诞生的产业公链，这些产业公链自带基础用户，还能引入其他应用共建开放生态，这样的产业公链建设扎扎实实。任何一个行业都可以采用区块链思维，都可以积极拥抱通证经济，都可以拥有自己的链群和社群。

通证经济的应用适合什么样的场景？大规模的协同，涉及很多不同的利益关联方，包括政府、企业、产业链的各个环节、消费者、劳动者等，比如"工业互联网+通证""绿色环保+通证"等。大规模协同，需要激励和约束机制，这就发挥了通证和自治社群的作用。

今天在通证经济时代，中国有20年的互联网大规模协同的根基，我们人人手上有手机，随时可以用微信连接。有了这个超大规模的协同基础设施（微信），如果再加上通证，中国的经济体是否可以弯道超车，甚至是换道超车呢？是否能用很短的时间打造一个更加协同创新，超越传统企业边界、混血形态的新兴经济体？通证经济共同体具有更强大的生产关系，能够突破传统企业的边界，实现跨界融合、跨界合作。

未来的信任生态体系追求的目标正是如此。社会的发展需要人们在信任的基础上进行大规模的分工协作，因此信任就显得尤为重要。区块链刚好能够解决信息不对称、不确定、不安全的问题，以此来建立经济活动赖以发展的信任生态体系。区块链用"算法证明机制"来保证整个网络的安全，借助它，整个系统中的节点都能够在去中心化的环境下自动安全地交换数据。区块链的实质是一个不断增长的分布式计算数据库，能完美解决信息系统中的信任危机。另外，区块链的智能合约形成的去中心化社会网络意味着我们可以用极低的成本形成社会信任关系，从而使整个社会运行成本大幅降低，信任值大幅提升。

只有在基于各方信任的大前提下，人们才会更放心地在区块链网络中注入资产，从而开展互利互惠的商业行为。当然，区块链的技术是强大的，但各方链上的因素也是要考虑的问题。不论是中心化还是去中心化，最后的目的都是给这个社会带来价值，有利于社会的进步和发展。如果大家各自为政，造成的不仅是资源的浪费，还会导致区块链行业乃至社会发展放缓。因此，唯有大家都凝结成为"信任之根"，才能发挥最大的价值。

6. 通证实现真正的财富共创共连

从技术和应用两个方面来分析，区块链等于是重构了整个行业的生产关系，让中心化平台、消费者、用户、内容的贡献者都确定权益并实现了权益的分配。故而使得消费者、用户、内容创造者等这些互联网上的个人流量价值都参与利益链条上来。要实现用户价值的多元化和多维度展示，不仅要积累底层用户流量，更要激活这些底层用户群体。由此，我们可以理解为区块链连接了一切，未来没有什么是不可以上链的。所以，通证的发展才是真正实现财富共创共连美好愿景的终极途径。

就拿2020年的新冠疫情来说，区块链在其间发挥了不少作用。在新冠疫情期间，区块链被用于慈善信托账户管理和资金物资供应链管理，主要记录其流通、稽查等环节的情况。有的小区做了区块链"无接触"电子签名——小区人员不需要手动填表确认各种事项，既减少了风险，又实现了智能化社区治理。

从更大视野来看，人类能够发展出现代文明，是因为实现了大规模人群之间的有效合作。市场经济"看不见的手"，也是通过市场机制实现了人类社会的分工协作。在此基础上，区块链技术将极大拓展人类协作的广度和深度。也许，区块链不只是下一代互联网技术，更是下一代合作机制和组织形式。

人类发展的历史，无论处于哪个社会形态，都脱离不了人的分工和协作。

首先，是货币的产生。货币的发明和使用使得社会协作具备了普遍性，可以基于统一的度量尺度将所有人的价值贡献进行衡量和普遍交易，这不仅使得财富有了普遍的度量单位，更要求整个社会必须进行市场化，因为只有充分市场化之后基于货币的大规模协作才能成立。

其次，市场化也是进行大规模协作的前提和基础。如果市场规模不足，那么无论是运作还是效益都会受到影响。所以，自资本诞生以来，对于规模和地域的追求就显得尤为重要，这也是未来全球市场一体化的基础。

最后，是组织形式。为了使企业在市场中更具竞争力和风险承受能力，人类社会从家族企业的无责任限制发展出一种更为抽象和高级的公司有限责任制，这种基于股权的公司制使得企业成为一种近似的"全民化"和"社会化"模式。公司制的成立使人类社会协作结构得到了空前的深化和普及，一个个基于公司的专业分工协作组织就此诞生，实现了社会化大生产的高度繁荣。这种深度繁荣使得近几十年的社会产品供给开始超过社会消费从整个社会意识形态的觉醒来看，社会意识发生集体性的升华，使得人们都渴望实现财富的公平和平等，哪怕是相对平等也是一种进步。在这种驱使下，如果改变不了货币，改变不了组织形式，那么就可以从改变协作模式入手。

社会协作是在不断演进的，比如股份制的协作模式就比单纯雇佣制和家族制更能让社会获得普遍的财富收益。股份制的改革与推行增强了资本主义的生命力，并引领了当代世界的发展。再后来，随着风险投资模式的发展，激励人们发挥自己的聪明才智，从而使得大量基于脑力知识的从业者走向富裕。而公司股权通过二级市场的渗透机制，也使很多投资者获得了大量的财富分配机会。这些财富的普及使得社会出现了大量的中产阶层，从而带动了整个社会财富的增长。由此我们可以说，基于股权的企业制度是人类社会经济组织管理方式的巨大进步。这主要表现在以下几个方面：

（1）股权制度的组织结构突破了家族结构使得社会大规模协作成为现实。

（2）股权结构使得企业发展所需要的多元要素可以更方便地结合在一起，为企业加速发展提供了条件。

（3）股权制度的分配模式使得企业的价值可以进行无限切分，让更多人可以一起享受到企业成长的价值，实现财富更大范围的分配。

但股权制度的弊端是只允许那些大资金、强价值的人参与进来，那些弱价值和小资金只能望洋兴叹。另外，股权组织模式化是中心化的，有中心化就可能发生暗箱操作，就会在信息和财富的操纵上有不透明的灰色地带。最终导致的问题是强者愈强、弱者愈弱，财富变得过分集中，而难以实现真正的财富共创和共享。

是否有更好的协作模式来迭代或更新股权的公司制模式呢？通证体系便是一种更好的经济生态组织模式。因为通证不仅具备了股权的优点，代表了持有者比如决策权、投票权以及分红权等所有权益，更重要的是，通证具有对"弱价值""小资金"的收集与激励能力。

一个优秀的组织是由管理者、员工和众多的用户共同参与建设的。股权制度是无法对用户和员工的"弱价值"贡献行为进行激励的，而通证可以。基于通证对于弱价值行为的记录和激励，会使得一个生态体系更具有成长性和共同造福的能力。

通证体系的规则比股权制度更透明和可监督。无论对于上市公司的信息披露制度要求得多严格，基于中心化的组织模式天生具备信息不透明的弱点。但基于区块链的通证体系就不同了，区块链技术本身就具备强大的信息透明功能，这种天生的信息透明的特性从理论上具备了更强的公众监督性。

所以，我们有理由相信，基于通证建立的新的社会组织体系可以超越当前所有的经济组织结构形态。

它具备更为广泛的协作能力和深度，基于互联网的全球通证生态体系，从诞生的第一天起就是以全球协作为目标。通证对于弱价值和弱贡献的收集能力将会使得参与生态体系的用户可以和生态体系一起成长和变富。当然也因为通证价值的成长性，使得很多后来者对早期用户（比如比特币早期挖矿者）所持有的通证价值感到不满。这在股权结构当中更为严重。不过获得的财富和风险是成正比的，早期用户虽然收益高，但承担的风险也大。不管什么时候，只要用户参与整个体系建设，他就一定可以获得通证的激励和奖赏。这种激励和奖赏会随着体系的成长而增值，从而造福更多的民众。

更重要的是，大众对于基于区块链的经济生态体系有着自由的选择参与权。面向同样业务的两个生态体系时，参与用户将会对比各自公开透明的智能合约，从而选择对他们更有利的生态体系，而一旦公布了生态体系的智能合约，体系发起者和运营者便无法使用"先放水养鱼、后捕鱼"的策略。这种基于生态体系规则的公平性的对比将逐步让社会变得更加公平和合理。

所以未来基于区块链通证所建立起来的经济组织生态体系将会在制度的公平性、价值的普遍性和分配的合理性上吸引全球大众的广泛参与，从而打破人类社会千百年来的基层结构，实现大众共富。

后 记

区块链的威力在于创造一种新的协作关系，这种关系也可以理解为量化互联的关系。在中心化系统里，中心权威地位的中心，与普通用户之间既相互依存又在很多地方处于对抗博弈的状态。因此中心权威往往利用自己的权力和技术优势，施加各种限制、监管，以各种先进技术对不符合其意愿的行为实施围追堵截。猫鼠游戏延续数千年，至今我们依然能够在那些强大的互联网公司的商业模式中清楚地看到这些戏码。而在区块链体系中，没有中心化权威，没有猫捉老鼠的游戏，整个生态圈居然能够按照一套规范相互协作，秩序井然且欣欣向荣。何以能如此呢？奥秘就在于通证（Token）。

有人提出"区块链无用论"，声称区块链一旦离开了Token，区块链技术将一文不值。区块链本身缺乏价值，但Token自带价值。事实上，自Token问世那天起，区块链最大的应用就已经落地。Token不是自带价值，而是承载着价值的量化互联。

区块链基于互联网，是互联网技术的分支，同时又自成一派。它们的相同之处在于本质上都是一种传输协议：互联网是做信息的传输协议，实现了信息的高效传输；区块链则是做价值的传输协议，通过Token实现了价值的量化互联。

前面说过，区块链的本质是加密的数字凭证，但如果它不能被用作价值传输协议，那么它依然没有多大意义。因为Token，它忽然变得意义重大起来。

通过通证来进行经济发展和经营管理，吸引并维系客户，形成稳固的利益链，这几乎适用于所有的产业。所以，区块链项目的核心也一直是通证经济系统设计。这是技术人员重点研究的领域，也是投资机构评估项目可行性的重要依据，同时还是未来社区是否壮大的根本。因为区块链社区的核心理念是人人参与、人人获益，共同壮大社区。将这一理念适度延伸，就可以大幅降低很多经济活动的参与门槛，从而起到促进交易、降低交易成本、激发创新、重构权益结构和利益分配的作用，使得原本处于博弈甚至对抗的各方重构彼此的关系，化博弈为协作。因此，通证经济虽不是区块链唯一的应用，但目前以及未来，都将是最重要和最主要的应用。去通证的区块链也可以用于多个业务场景，但不去通证的区块链更有升级潜力。

遥想未来，通证经济发展到高级阶段，人类社会将发生重大改变。因为我们早说过，通证可以作为一切权益的证明，一切资产都可以上链，不论是实物还是虚拟，不论是有形还是无形，从身份证到学历文凭，从货币到票据，从钥匙、门票到积分、卡券，从债务到收益，都会明明白白地体现在链上，每份通证背后都会对应实实在在的产品、服务、资源和权益，只要相应的法律政策和监管措施能够跟上并到位，那些劣质的通证和不良行为者就会被市场淘汰。

伴随区块链概念的发展，很多新思想、新术语、新缩写不断涌现，比如 BTC，是比特币的英文缩写，不过近年来它有了一个新的含义，就是 Blockchain+Token-economy+Community，即"区块链账本 + 通证经济系统 + 社区型组织"的 BTC 新商业组织形态。

本书中所提及的理论、方法、实操等，旨在为技术与行业的发展抛砖引玉，进行有益的探讨，不构成实际的推荐或建议。

任何项目方，如果有意学习借鉴，应该事先认真调研、考察当地、当时的法律法规，以及具体的监管环境，保证合规运行操作。

如果自行根据书中所提供的范例或技术思路操作，造成任何不良后果，作者与出版方概不承担任何法律、经济方面的责任。

徐刚

2025 年 2 月